핵심 문법만 쏙 뽑아 공부하면 중국어 문법이 착! 회화까지 착!

착! 붙는
중국어
문법

편저 **중국어공부기술연구소**

시사중국어사

착! 붙는 중국어 문법

초판인쇄	2024년 12월 20일
초판발행	2025년 1월 5일

저자	중국어공부기술연구소
편집	최미진, 연윤영, 高霞
펴낸이	엄태상
디자인	권진희, 진지화
조판	이서영
일러스트	표지: eteecy, 내지: 가석지
콘텐츠 제작	김선웅, 장형진
마케팅본부	이승욱, 왕성석, 노원준, 조성민, 이선민
경영기획	조성근, 최성훈, 김다미, 최수진, 오희연
물류	정종진, 윤덕현, 신승진, 구윤주

펴낸곳	시사중국어사(시사북스)
주소	서울시 종로구 자하문로 300 시사빌딩
주문 및 문의	1588-1582
팩스	0502-989-9592
홈페이지	http://www.sisabooks.com
이메일	book_chinese@sisadream.com
등록일자	1988년 2월 12일
등록번호	제300 - 2014 - 89호

ISBN 979-11-5720-274-4 13720

머리말

* * *

중국과의 교류는 더욱 빈번해지고 이에 중국어를 학습하는 인구 또한 하루가 다르게 늘고 있습니다. 일정한 중국어 학습과정을 거치고 어느 정도의 수준에 이르게 되면 문법의 필요성을 느끼게 되는데, 문법은 정확한 중국어 구사뿐만 아니라, 新HSK와 같은 중국어 어학 자격증을 취득할 때도 기본적으로 습득해야 하는 필수 학습 요소입니다.

본 교재는 중국어 초급 수준의 학습을 끝낸 후, 문법만을 좀 더 체계적으로 학습하고자 하는 학습자의 요구를 모아 중국어 문법의 핵심만을 집어내 모았습니다. 문법 핵심 요소는 물론 다양한 예문을 담은 이 책 한 권이면 완벽한 문법 학습은 물론, 회화 완성과 HSK 대비서로 삼을 수 있습니다.

특히 시사중국어사의 스테디셀러 〈착! 붙는 독학 중국어 첫걸음〉과 〈착! 붙는 독학 중국어 두걸음〉과 연계하여 두 교재를 학습하면서 문법을 강화하고 싶은 분들에게는 더할 나위 없는 훌륭한 중국어 문법 지침서가 될 것입니다.

　이 책을 다음과 같은 분들에게 강력히 추천합니다.
　• 〈착! 붙는 독학 중국어 첫걸음/두걸음〉을 학습 후 문법을 복습하고자 하는 분들
　• 문법을 좀 더 체계적으로 배우고자 하시는 분들
　• 회화와 작문 영역에 있어 중국식 표현에 대한 이해가 부족하신 분들
　• 新HSK를 대비하고자 하시는 분들

중국어를 공부하는 분들이라면 반드시 책상에 꽂아두고 반복적으로 학습해야 할 것이 바로 문법책입니다. 그러므로 이 책을 통해 공부하시는 모든 분들이 학교에서 혹은 직장에서의 중국어 학습에서 큰 성과를 얻으시길 기원합니다.

중국어공부기술연구소
2024년 12월

목차

✳ 이 책의 특징

▶ 중국어 문법 들어가기

중국어 문법의 가장 기본이 되는 내용으로 채웠습니다.
중국어에서 가장 기본이 되는 개념인 표준어부터 정의해 줌으로써 중국어에 대한 기본 골격을 확실히 다질 수 있습니다.
또한 문장의 어순을 이루는 데에 있어서 가장 핵심이 되는 품사에 대한 개념과 설명 및 예시를 제시해 놓음으로써 중국어 문법의 기본기를 다질 수 있게 하였습니다.

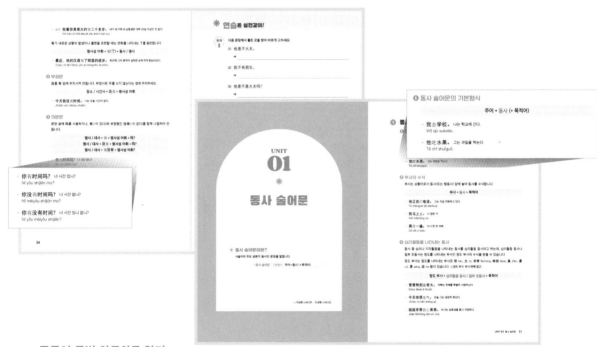

▶ 중국어 문법 차근차근 알기

중국어 학습의 중요한 문법 기본기를 이루는 주제만을 선정하였습니다. 주요 문법 표현을 항목별로 나누어 각 UNIT을 구성하였고, 특수문장까지 더하여 학습 범위를 확대하였습니다.

각 UNIT의 내용에는 해당 항목에 대한 문법 설명을 간결하게 설명해 놓아 눈으로 읽으며 바로 이해할 수 있도록 하였고, 기본 문장 구성을 함께 써 놓아 문장의 어순을 한 눈에 쉽게 파악할 수 있도록 구성하였습니다.

또한 각 내용마다 예문과 해석을 함께 실어 응용력을 높임과 동시에 일목요연한 학습 정리가 가능하도록 하였고, 필요시 관련 삽화까지 넣어 이해가 쉽도록 하였습니다.

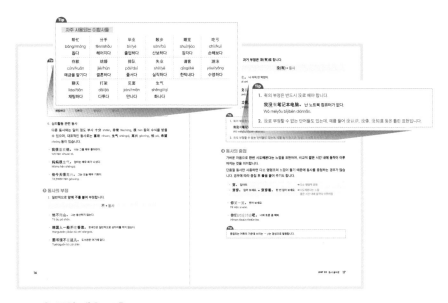

▶ Tip을 통한 내용 보충

본문 내용에서 다루지는 않았지만 반드시 알아야 할 내용을 Tip으로 구성하여
보충설명을 하였습니다. 주의해야 할 문법 사항이나 알아두면 유용한 표현 등을
Tip을 통해 배워보세요.

▶ 연습문제로 실력 확인하기

배운 내용을 확인해 볼 수 있는 코너입니다. 배웠던 내용을 다시 한 번 확인하고,
이후에 잊지 않도록 복습할 수 있습니다.

✱ 중국어 문법 들어가기

❶ 중국어에서

❶ 표준어는 무엇인가요?
북경어의 발음을 표준으로 정하고 북방 방언의 어휘들을 중심으로 한 말을 뜻하며, 보통화(普通话 pǔtōnghuà)라고도 부릅니다.

❷ 사투리를 써도 의사소통이 되나요?
중국어에는 크게 7종류의 사투리가 있습니다. 하지만 워낙 국토가 넓기 때문에 먼 거리의 지역에서 쓰는 사투리는 일종의 외국어처럼 느껴지므로 같은 중국인이라 할지라도 서로 통용되지 않으며, 의사소통이 거의 불가능합니다. 하지만 전국적으로 표준어가 보급되어 있으므로 표준어를 구사할 줄만 안다면 의사소통은 걱정할 필요가 없습니다.

❸ 한자가 너무 부담돼요!
우리가 알고 있는 한자와 현재 중국어에 쓰이는 한자에는 많은 차이가 있습니다.

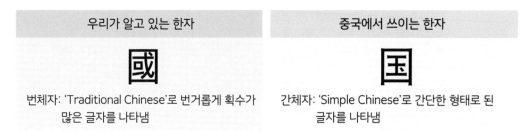

우리가 알고 있는 한자	중국에서 쓰이는 한자
國	国
번체자: 'Traditional Chinese'로 번거롭게 획수가 많은 글자를 나타냄	간체자: 'Simple Chinese'로 간단한 형태로 된 글자를 나타냄

이처럼 현재 중국어에 쓰이는 글자는 간체자로 기존의 한자보다 획수가 훨씬 간단하며, 한자를 몰라도 중국어를 배울 수 있습니다.

❷ 품사

명사名词	사람이나 사물의 이름을 나타내는 것
	山 shān 산 ㅣ 手 shǒu 손 ㅣ 今天 jīntiān 오늘
동사动词	움직임을 나타내는 것
	说 shuō 말하다 ㅣ 打 dǎ 때리다 ㅣ 听 tīng 듣다
형용사形容词	사물의 성질이나 상태가 어떠함을 나타내는 것
	美 měi 아름답다 ㅣ 帅 shuài 멋있다
대사代词	어떤 것을 대신 받는 것
	他 tā 그 ㅣ 我 wǒ 나 ㅣ 什么 shénme 무엇
수사数词	수를 나타내는 것
	一 yī 하나 ㅣ 百 bǎi 백 ㅣ 千 qiān 천

양사量词	사물의 개수와 동작의 횟수를 세는 단위	
	个 gè 개 | 张 zhāng 장 | 次 cì 차례, 회	
부사副词	동사나 형용사 앞에서 수식하는 것	
	已经 yǐjīng 이미 | 都 dōu 모두 | 很 hěn 매우	
조사助词	다른 말에 붙어서 일정한 문법적 기능을 나타내는 것	
	了 le 동작의 완료 | 得 de 정도보어 | 的 de 명사적 기능	
접속사连词	낱말과 낱말, 문장과 문장을 연결해 주는 것	
	和 hé / 跟 gēn ~와 / ~과 | 但是 dànshì 그러나 | 所以 suǒyǐ 그래서	
전치사介词	명사나 대사 앞에서 장소나 방법, 방향 등을 나타내는 것	
	跟 gēn ~를 따라서 | 在 zài ~에서	
의성사象声词	모습이나 소리를 흉내 낸 것	
	喵 miāo 야옹 | 叮当 dīngdāng 딩동	
감탄사叹词	홀로 쓰여 감탄이나 놀람 등의 감정을 나타내는 것	
	啊 á 아~	

❸ 문장 성분

① 품사와 문장 성분의 구별

품사는 단어가 갖는 고유의 특성을 말하는 것으로 그 성질이 잘 바뀌지 않습니다. 이에 비해 문장 성분은 주어, 서술어, 목적어, 관형어, 부사어 등으로 나뉘어 불리며 문장에서 어떤 역할을 하느냐에 따라 성격이 달라집니다.

② 문장 분석표

	我	弟弟	一共	有	三	本	词典。
품사	대사	명사	부사	동사	수사	양사	명사
문장 성분	관형어	주어	부사어	서술어	목적어		
중국어 명칭	한정어 (定语)	주어 (主语)	상어 (状语)	위어 (谓语)	빈어 (宾语)		
문장 성분	주어		서술어		목적어		
병음	Wǒ dìdi yígòng yǒu sān běn cídiǎn.						
해석	내 남동생은 모두 세 권의 사전을 가지고 있다.						

UNIT
01

✳

동사 술어문

✳ **동사 술어문이란?** ————————————

서술어의 주요 성분이 동사인 문장을 말합니다.

· 동사 술어문 [기본형식] **주어 + 동사 (+ 목적어)**

→ 첫걸음 Unit 05 | 두걸음 Unit 06

① 동사 술어문의 특징

❶ 동사 술어문의 기본형식

주어 + 동사 (+ 목적어)

- **我**去**学校。** 나는 학교에 간다.
  Wǒ qù xuéxiào.

- **他**吃**水果。** 그는 과일을 먹는다.
  Tā chī shuǐguǒ.

❷ 부사의 수식

부사는 상황어로서 동사(또는 형용사) 앞에 놓여 동사를 수식합니다.

부사 + 동사 + 목적어

- **他**正在**打**电话。 그는 지금 전화하고 있다.
  Tā zhèngzài dǎ diànhuà.

- **我**马上**去。** 나 금방 가.
  Wǒ mǎshàng qù.

- **再**写**一遍。** 다시 한 번 써봐.
  Zài xiě yí biàn.

❸ 심리활동을 나타내는 동사

동사 중 심리나 지각활동을 나타내는 동사를 심리활동 동사라고 하는데, 심리활동 동사나 일부 조동사는 정도를 나타내는 부사인 정도 부사의 수식을 받을 수 있습니다.

정도 부사는 정도를 나타내는 부사로 **很** hěn, **太** tài, **非常** fēicháng, **特别** tèbié, **真** zhēn, **最** zuì, **更** gèng, **还** hái 등이 있습니다. ▶정도 부사: 부사 99쪽 참고

정도 부사 + 심리활동 동사 / 일부 조동사 + 목적어

- **爸爸**特别**爱**老大。 아빠는 첫째를 특별히 사랑하신다.
  Bàba tèbié ài lǎodà.

- **今天他**很**生气。** 오늘 그는 굉장히 화났다.
  Jīntiān tā hěn shēng qì.

- **姐姐**非常**担心**弟弟。 누나는 남동생을 몹시 걱정한다.
  Jiějie fēicháng dānxīn dìdi.

> 심리활동 동사
>
> 喜欢 xǐhuan, 生气 shēngqì, 了解 liǎojiě, 欢迎 huānyíng, 怕 pà, 希望 xīwàng, 紧张 jǐnzhāng 등

❹ 동작의 상태를 표시

동작의 상태는 동사 뒤에 了 le, 着 zhe, 过 guo를 붙여 표시합니다.

동사 + 了(동작의 완성) / 着(동작의 진행) / 过(동작의 경험) + 목적어

- 他昨天给妈妈写了一封信。 그는 어제 엄마에게 편지를 한 통 썼다.
  Tā zuótiān gěi māma xiě le yì fēng xìn.

- 他正给妈妈写着信。 그는 지금 엄마에게 편지를 쓰고 있다.
  Tā zhèng gěi māma xiězhe xìn.

- 他前几天给妈妈写过信。 그는 며칠 전에 엄마에게 편지를 썼다.
  Tā qián jǐ tiān gěi māma xiěguo xìn.

❷ 동사란?

사람이나 사물의 **동작, 발전, 변화, 심리활동, 방향 및 기타 활동**을 나타내는 단어를 말합니다.

❶ 동사의 사용법

1. 형태 변화가 없음

   우리말의 '가다'라는 동사는 다양한 형태로 변화합니다. 예들 들면 '가고', '가니', '가므로', '갔고', '가는데' 등과 같습니다. 이에 비해 중국어 去는 성별, 단수, 복수, 시제 등 그 어떤 경우에도 형태가 변하지 않습니다.

   한국어 가고, 가니, 가므로, 갔고, 가는데… = **중국어** 去

2. 과거, 현재, 미래의 구별

   시간을 나타내는 말을 사용하거나, **동사 뒤에 了, 着, 过를 붙여 시제를 표현**합니다.

3. 목적어는 동사 뒤에

   주어 + 동사 + 목적어

- 她很想你。 그녀는 너를 매우 그리워한다.
  Tā hěn xiǎng nǐ.

- 他翻译了鲁迅的作品。 그는 루쉰의 작품을 번역했다.
  Tā fānyì le Lǔ Xùn de zuòpǐn.

- 我的姑妈生了双胞胎。 우리 고모가 쌍둥이를 출산했다.
  Wǒ de gūmā shēng le shuāngbāotāi.

Tip

목적어를 취하는 주요 동사들

打电话 dǎ diànhuà 전화를 하다	打折 dǎ zhé 할인을 하다	看书 kàn shū 책을 보다	听音乐 tīng yīnyuè 음악을 듣다	写信 xiě xìn 편지를 쓰다	说汉语 shuō Hànyǔ 중국어를 말하다
吃饭 chī fàn 밥을 먹다	喝水 hē shuǐ 물을 마시다	开汽车 kāi qìchē 운전을 하다	开玩笑 kāi wánxiào 농담을 하다	骑自行车 qí zìxíngchē 자전거를 타다	踢足球 tī zúqiú 축구를 하다
过生日 guò shēngrì 생일을 지내다	坐的士 zuò dīshì 택시를 타다	做饭 zuò fàn 밥을 짓다	唱歌 chàng gē 노래를 하다	穿衣服 chuān yīfu 옷을 입다	买东西 mǎi dōngxi 물건을 사다
见面 jiàn miàn 만나다	上网 shàng wǎng 인터넷을 하다	照相 zhào xiàng 사진을 찍다			

❷ 동사의 여러 가지 유형들

1. **자동사**: 뒤에 **목적어를 갖지 않는 동사**를 말합니다.

주어 + 동사

- 他去。 그는 간다.
  Tā qù.

- 你来。 네가 와라.
  Nǐ lái.

- 他走了。 그는 갔다.
  Tā zǒu le.

2. **타동사**: 뒤에 **목적어를 갖는 동사**를 말합니다.

주어 + 동사 + 목적어

- 老师给学生们布置了作业。 선생님은 학생들에게 숙제를 내주었다.
  Lǎoshī gěi xuéshengmen bùzhì le zuòyè.

- 妈妈打了弟弟。 엄마는 남동생을 때리셨다.
  Māma dǎ le dìdi.

- **他经常上网。** 그는 자주 인터넷을 한다.
  Tā jīngcháng shàng wǎng.

3. 타동사 역할이 가능한 자동사

去는 '가다'라는 자동사로 他去。라는 문장도 성립하지만 我去学校。처럼 타동사의 역할도 할 수 있습니다.

- 자동사   **他来。** 그가 오다.
  Tā lái.

- 타동사   **他来韩国。** 그가 한국에 오다.
  Tā lái Hánguó.

> **Tip**
>
> **Q.** 去와 走 모두 '가다'라는 뜻인데 어떻게 구별하나요?
>
> **A.** 去 뒤에는 목적어가 올 수 있지만, 走 뒤에는 올 수 없어요. 그래서 去中国는 가능하지만 走中国는 틀린 표현이 됩니다.
>
> 去中国 ○   走中国 ×

4. 두 개의 목적어를 취하는 동사

동사 + 간접목적어(사람) + 직접목적어(사물)

① 대표적인 동사는 教 jiāo, 送 sòng, 给 gěi, 问 wèn, 告诉 gàosu 등입니다.

- **宋老师教我们俄语。** 쑹 선생님은 우리에게 러시아어를 가르친다.
  Sòng lǎoshī jiāo wǒmen Éyǔ.

- **请给我们两张餐巾纸。** 우리에게 냅킨 두 장을 주세요.
  Qǐng gěi wǒmen liǎng zhāng cānjīnzhǐ.

- **我给你一支铅笔。** 내가 너에게 연필 한 자루를 줄게.
  Wǒ gěi nǐ yì zhī qiānbǐ.

② 다른 동사 뒤에 전치사 给 gěi를 붙여 두 개의 목적어를 가질 수 있습니다.

- **我写给他一篇文章。** 나는 그에게 한 편의 글을 써주었다.
  Wǒ xiě gěi tā yì piān wénzhāng.
  → 写 자체는 두 개의 목적어를 취할 수 없지만 뒤에 给가 붙어 두 개의 목적어를 취할 수 있음

- **他买给我一斤苹果。** 그는 나에게 사과를 한 근 사주었다.
  Tā mǎi gěi wǒ yì jīn píngguǒ.

- **我寄给家里一封信。** 나는 집으로 편지를 한 통 부쳤다.
  Wǒ jì gěi jiāli yì fēng xìn.

5. 이합사

하나의 동사처럼 보이지만 실제는 [동사 + 목적어] 형식으로 이루어진 동사를 말합니다. 대표적인 단어로는 结//婚 jié//hūn, 见//面 jiàn//miàn, 分//手 fēn//shǒu, 散//步 sàn//bù, 毕//业 bì//yè 등이 있는데, 이런 동사가 목적어를 취할 때 **목적어의 위치는 두 글자 사이에 들어가야 합니다. 또는 전치사를 이용해 목적어를 앞으로 이끌어 전치사와 이합사 사이에 목적어를 써주어야 합니다.**

① 동사의 앞 글자 + **목적어** + **的** + 동사의 뒷 글자
② **전치사** + **목적어** + 이합동사

- **请你**帮**我一个**忙! 제발 저 좀 도와주세요!
  Qǐng nǐ bāng wǒ yí ge máng!

- 随**你的**便。 당신 편한 대로 하세요.
  Suí nǐ de biàn.

- **我想跟小李**结婚。 나는 샤오리와 결혼하고 싶어.
  Wǒ xiǎng gēn Xiǎo Lǐ jiéhūn.
  → **我想结婚小李。** ✕

✳ **见面이라는 단어를 이용하여 목적어를 넣어 말해봅시다.**

'어제 나는 그와 만났다.'라는 문장을 생각해보면,
→ **昨天我**见**面**他了。 ✕

동사 见面은 이합사에 해당하므로 바로 뒤에 목적어 他가 와서는 안 됩니다. 다음 두 가지 방법을 이용해 표현하세요.

① **昨天我才**见**到他的**面。 어제 나는 비로소 그와 만났다.
  Zuótiān wǒ cái jiàndào tā de miàn.
  → 이합사 중간에 목적어가 [목적어 + 的]의 형태로 들어가는 경우

② **昨天我跟他**见**面**了。 어제 나는 그와 만났다.
  Zuótiān wǒ gēn tā jiàn miàn le.
  → 전치사 跟을 이용하여 목적어를 앞으로 이동하는 방식

자주 사용되는 이합사들

帮忙 bāng//máng 돕다	分手 fēn//shǒu 헤어지다	毕业 bì//yè 졸업하다	散步 sàn//bù 산보하다	睡觉 shuì//jiào 잠자다	吃亏 chī//kuī 손해보다
存款 cún//kuǎn 예금을 맡기다	结婚 jié//hūn 결혼하다	排队 pái//duì 줄서다	失业 shī//yè 실직하다	请客 qǐng//kè 한턱내다	游泳 yóu//yǒng 수영하다
聊天 liáo//tiān 채팅하다	打架 dǎ//jià 다투다	见面 jiàn//miàn 만나다	生气 shēng//qì 화나다		

6. 심리활동 관련 동사

다른 동사와는 달리 정도 부사 **十分** shífēn, **非常** fēicháng, **很** hěn 등의 수식을 받을 수 있으며, 대표적인 동사로는 **喜欢** xǐhuan, **生气** shēngqì, **高兴** gāoxìng, **怕** pà, **希望** xīwàng 등이 있습니다.

- **我很喜欢他。** 나는 그를 매우 좋아한다.
  Wǒ hěn xǐhuan tā.

- **妈妈很生气。** 엄마는 매우 화가 나셨다.
  Māma hěn shēngqì.

- **他今天很高兴。** 그는 오늘 매우 기쁘다.
  Tā jīntiān hěn gāoxìng.

❸ 동사의 부정

1. 일반적으로 **앞에 不를 붙여** 부정합니다.

不 + 동사

- **他不爬山。** 그는 등산하지 않는다.
  Tā bù pá shān.

- **韩国人一般不吃香菜。** 한국인은 일반적으로 샹차이를 먹지 않는다.
  Hánguórén yìbān bù chī xiāngcài.

- **图书馆不在这儿。** 도서관은 여기에 없다.
  Túshūguǎn bú zài zhèr.

2. 일반적인 **과거 부정은 没(有)로** 합니다.

没(有) + 동사

- **我还没吃。** 나 아직 안 먹었어.
  Wǒ hái méi chī.

- **我上午没在家。** 나는 오전에 집에 없었어.
  Wǒ shàngwǔ méi zài jiā.

- **我没用过信用卡。** 저는 신용카드를 사용해본 적이 없어요.
  Wǒ méi yòngguo xìnyòngkǎ.

> **Tip**
>
> 1. 有의 부정은 반드시 没로 해야 합니다.
>
>   **我没有笔记本电脑。** 난 노트북 컴퓨터가 없다.
>   Wǒ méiyǒu bǐjìběn diànnǎo.
>
> 2. 没로 부정할 수 없는 단어들도 있는데, 예를 들어 没认识, 没像, 没知道 등은 틀린 표현입니다.

❹ 동사의 중첩

가벼운 마음으로 **한번 시도해본다는 느낌**을 표현하며, 비교적 **짧은 시간 내에 동작이 이루어지는 것**을 의미합니다.

단음절 동사만 사용하면 다소 명령조의 느낌이 들기 때문에 동사를 중첩하는 경우가 많습니다. 경우에 따라 중첩 후 看을 붙여 주기도 합니다.

- **穿。** 입어라.   → 다소 명령적 표현
- **穿穿。** 입어 보세요. = **穿穿看。** 한 번 입어 보세요. → 시도해본다는 느낌/
                                                            짧은 시간 내에 동작이 이루어짐

- **你笑一笑。** 웃어 보세요.
  Nǐ xiào yi xiào.

- **你们讨论讨论吧。** 너희 토론 좀 해봐.
  Nǐmen tǎolùn tǎolùn ba.

> **Tip**
>
> 중첩되는 어휘의 가운데 쓰이는 一 yi는 경성으로 발음합니다.

1. 단음절 동사의 중첩

   ① AA = A一A

   이 형태는 동사 가운데 쓰이는 一가 생략되어 있다고 볼 수 있습니다.

   > - **听听。** = **听一听。** 한 번 들어 보세요.
   > - **说说。** = **说一说。** 한 번 말해 보세요.

   - **我看你回家躺一躺吧。** 너는 집에 가서 좀 눕는 것이 좋겠어.
     Wǒ kàn nǐ huí jiā tǎng yi tǎng ba.

   - **你把那件衣服借我穿穿吧。** 그 옷 빌려줘, 나 좀 입게.
     Nǐ bǎ nà jiàn yīfu jiè wǒ chuānchuan ba.

   - **这双鞋我可以试(一)试吗?** 이 신발 제가 좀 신어봐도 될까요?
     Zhè shuāng xié wǒ kěyǐ shì (yi) shì ma?

   Tip
   > 중첩 동사 AA의 두 번째 음절은 경성으로 읽고 A一A의 一도 경성으로 읽습니다.

   ② A了A = A了一A

   완료된 동작을 중첩하고자 할 때에는 了를 넣어 나타냅니다.

   - **听我说完他想了一想，就答应了。** 내 말을 다 듣고 그는 잠시 생각한 후, 승낙했다.
     Tīng wǒ shuōwán tā xiǎng le yi xiǎng, jiù dāying le.

   - **他问了问我迟到的原因。** 그는 내가 늦은 이유를 물어봤었다.
     Tā wèn le wèn wǒ chídào de yuányīn.

2. 2음절 동사의 중첩

   ① AB → ABAB

   단어를 그대로 연이어 한 번 더 말하면 됩니다. 단음절 동사의 중첩과는 달리 중간에 一가 들어갈 수는 없다는 점에 주의해야 합니다.

   - **休息** → **休息休息!** 좀 쉬어!
     休息一休息! ✕

   - **在家玩玩网上游戏，休息休息。** 집에서 컴퓨터 게임 하면서 좀 쉬어.
     Zài jiā wánwan wǎngshang yóuxì, xiūxixiūxi.

   - **你考虑考虑这个问题。** 너는 이 문제를 좀 고려해봐.
     Nǐ kǎolùkǎolù zhè ge wèntí.

② AB → AAB

앞에서 배운 이합사의 경우 보기에는 2음절이지만 [동사 + 목적어]의 형식이므로 동사 부분만 중첩합니다.

· 散 步 → 散散步　　　　　　　· 帮 忙 → 帮帮忙
　걷다+걸음　　　　　　　　　　　　　　돕다+바쁨

· 我们去外面散散步吧。　우리 밖으로 산책하러 가자.
　Wǒmen qù wàimian sànsan bù ba.

· 请你帮帮忙，借我一块钱。　나 좀 도와서 1위안만 빌려줘.
　Qǐng nǐ bāngbang máng, jiè wǒ yí kuài qián.

· 我们去找他聊聊天。　우리 그에게 가서 이야기 좀 나누자.
　Wǒmen qù zhǎo tā liáoliao tiān.

3. 중첩 불가 동사

존재·판단·심리·관계를 나타내는 동사는 중첩할 수 없으며, 대표적인 동사로는 在 zài, 是 shì, 爱 ài, 怕 pà, 喜欢 xǐhuan, 像 xiàng 등이 있습니다.

· 我是是上海人。　✕　→ 是는 중첩 불가

· 一般老鼠怕怕猫。　✕　→ 怕는 중첩 불가

· 同学们在在游泳池。　✕　→ 在는 중첩 불가

4. 중첩 후 주의해야 할 사항

① 중첩된 동사 뒤에는 보어나 了, 着, 过 등의 조사를 쓸 수 없습니다.

· 你去找找他一下。　✕　→ 보어인 一下 제거

· 你等一等他一会儿吧。　✕　→ 보어인 一会儿 제거

· 我们准备准备了讨论会。　✕　→ 시태조사인 了 제거

② 중첩된 동사는 관형어로 쓰일 수 없으며, 的를 쓸 수도 없습니다.

· 你穿穿的衣服不是我的。　✕　→ 중첩 불가/ 뒷부분의 穿 하나 제거

③ 중첩된 동사의 목적어는 지정된 것이어야 하며, 불명확한 것이 제시되어서는 안 됩니다.

· 你尝尝一杯这种汽水吧。　✕　→ 一杯는 막연한 한 컵을 말하므로
　　　　　　　　　　　　　　　　　　의미가 명확한 这杯, 那杯 등으로 수정

연습은 실전같이!

→ 정답 및 해설 191p

문제 1 다음 문장에서 틀린 곳을 찾아 바르게 고치세요.

(1) 我想结婚小李。

→ _____

(2) 对不起，添你麻烦了。

→ _____

(3) 他每天八点工作开始。

→ _____

(4) 你要帮忙小李。

→ _____

(5) 我们一起跳舞跳舞吧。

→ _____

문제 2 A, B, C, D 중 주어진 단어가 들어갈 적당한 위치를 고르세요.

(1) 我的女朋友给 Ⓐ 我买 Ⓑ 一件 Ⓒ 衣服 Ⓓ 。　了

(2) 护士给 Ⓐ 他 Ⓑ 打 Ⓒ 针 Ⓓ 。　了

문제 3 괄호 속에 들어갈 알맞은 글자를 쓰세요.

(1) 申老师（　　　　　）我们汉语

(2) 他每天都（　　　　　）自行车去上班。

UNIT
02

✳

是 / 的 / 在 / 有
문장

✳ ─────────────────────────────

❶ 是자문 [기본형식] A 是 B。→ A는 B이다.

❷ 的자문 [기본형식] A 是 B 的。→ A는 B의 것이다.

❸ 在자문 [기본형식] 명사 + 在 + 장소 → ~에 있다

❹ 有자문 [기본형식] 장소 / 시간사 + 有 + 명사성 어휘 → ~를 가지고 있다

→ 첫걸음 Unit 03 / 06 / 15

① 是자문

是자문은 판단동사 是가 들어있는 문장을 말합니다. 是는 동사이긴 하지만 동작이나 행동을 표시하지 않고, 판단이나 긍정을 나타내는 특성을 지니고 있는 동사로 판단동사라고 합니다. '~이다'라는 의미를 나타냅니다.

❶ 긍정문

A 是 B。

- 我是学生。 나는 학생이다.
  Wǒ shì xuésheng.

- 他是大夫。 그는 의사이다.
  Tā shì dàifu.

❷ 부정문

是 앞에 부정사 不를 사용하여 부정문을 만듭니다.

A 不是 B。

- 我不是学生。 나는 학생이 아니다.
  Wǒ bú shì xuésheng.

- 他不是大夫。 그는 의사가 아니다.
  Tā bú shì dàifu.

❸ 의문문

문장 끝에 의문사 吗를 사용하거나, 是(~이다)와 부정형인 不是(~이 아니다)를 함께 나열하여 만들기도 합니다.

A 是 B 吗?
A 不是 B 吗?
A 是不是 B?

- 他是大夫吗? 그 사람은 의사니?
  Tā shì dàifu ma?

- 他不是大夫吗? 그 사람은 의사가 아니니?
  Tā bú shì dàifu ma?

- 他是不是大夫? 그 사람은 의사니 아니니?
  Tā shì bu shì dàifu?

> **Tip**
> 是不是 형태로 의문문을 만들 때는 문장 끝에 의문사 吗를 사용하지 않는다는 점에 주의하세요! 이 때 가운데 쓰이는 不는 경성으로 발음합니다.

② 的자문

的자문은 명사, 대사 혹은 형용사 등에 的를 추가하여 만듭니다. 'A는 B의 것이다' 또는 'A는 B의 성질을 가진 것이다'라고 해석하면 됩니다.

❶ 긍정문

A 是 B 的。

- 这<u>是</u>我<u>的</u>。 이것은 내 것이다.
  Zhè shì wǒ de.

- 那本书<u>是</u>他<u>的</u>。 그 책은 그 사람 것이다.
  Nà běn shū shì tā de.

- 老师的铅笔<u>是</u>红<u>的</u>。 선생님의 연필은 빨간색이다.
  Lǎoshī de qiānbǐ shì hóng de.

❷ 부정문과 의문문

부정문이나 의문문은 일반 **是**자문과 동일합니다.

A <u>不是</u> B 的。	A 是 B 的<u>吗</u>? A <u>不是</u> B 的<u>吗</u>? A 是<u>不是</u> B 的?

- 这<u>不是</u>我的。 이것은 내 것이 아니다.
  Zhè bú shì wǒ de.

- 那本书<u>是</u>他的<u>吗</u>? 그 책 그 사람 것이니?
  Nà běn shū shì tā de ma?

- 老师的铅笔<u>是</u><u>不是</u>红的? 선생님의 연필은 빨간색이니 아니니?
  Lǎoshī de qiānbǐ shì bu shì hóng de?

> **Tip**
>
> 동작을 나타내는 것이 아니므로 뒤에 시간의 흐름을 나타내는 조사인 了, 着는 붙일 수 없습니다. 만약 지나간 일을 표현하고 싶다면 동사 앞에 시간이나 때를 나타내는 어휘를 사용하거나, 동사 뒤에 过를 사용하면 됩니다.
> - 他的衣服是<u>以前</u>买的。 그의 옷은 예전에 산 것이다.
>   Tā de yīfu shì yǐqián mǎi de.
> - 那件衣服是<u>以前</u>穿过的。 그 옷은 예전에 입었던 것이다.
>   Nà jiàn yīfu shì yǐqián chuānguo de.

③ 在자문

在가 동사로 쓰인 문장을 在자문이라고 합니다. 在는 기본적으로 존재를 나타냅니다.

❶ 긍정문

(대)명사 + 在 + 장소

- 他在学校。 그 사람은 학교에 있어.
  Tā zài xuéxiào.

- A 王老师在吗? 왕 선생님 계시니?
  Wáng lǎoshī zài ma?

  B 在。 계세요.   → 이미 알고 있는 곳이면 생략 가능
  Zài.

❷ 부정문

在 앞에 부정사 不나 没를 사용하여 부정문을 만듭니다.

(대)명사 + 不在 + 장소

(대)명사 + 没在 + 장소

- 妈妈不在家。 엄마는 집에 안 계셔.
  Māma bú zài jiā.

- 那时候他没在图书馆。 그 때 그 사람은 도서관에 없었어.
  Nà shíhou tā méi zài túshūguǎn.

> **Tip**
>
> 일반명사나 대명사를 장소를 나타내는 말로 바꾸려면 보통명사 뒤에 방위사 또는 지시대사 这儿, 那儿 등을 써주어야 합니다.
> - 他的鞋在我这儿。 그 사람 신발은 (내가 있는) 여기에 있어.
>   Tā de xié zài wǒ zhèr.
> - 衣服在老师那儿。 옷은 선생님이 계신 그곳에 있어.
>   Yīfu zài lǎoshī nàr.
> 동작을 나타내는 것이 아니므로 뒤에 시간의 흐름을 나타내는 조사인 了, 着, 过는 붙일 수 없습니다. 만약 지나간 일을 표현하고 싶다면 동사 앞에 시간이나 때를 나타내는 어휘를 사용하세요.

❸ 의문문

문장 끝에 吗를 사용하거나, 在(~에 있다)와 부정형인 不在(~에 없다)를 함께 나열하여 만듭니다.

(대)명사 + 在 + 장소 + 吗?

(대)명사 + 不在 + 장소 + 吗?

(대)명사 + 在不在 + 장소?

- 张老师在家吗? 장 선생님 댁에 계세요?
  Zhāng lǎoshī zài jiā ma?

- 张老师不在家吗? 장 선생님 댁에 안 계세요?
  Zhāng lǎoshī bú zài jiā ma?

- 张老师在不在家? 장 선생님 댁에 계세요 안 계세요?
  Zhāng lǎoshī zài bu zài jiā?

❹ 有자문

有가 동사로 쓰이는 문장을 有자문이라고 합니다. 동사 有는 소유, 포함, 존재, 열거, 짐작을 나타내는 기능이 있습니다.

❶ 긍정문

소유 표현 명사성 어휘 + 有 + 명사성 어휘

존재 표현 장소 / 시간사 + 有 + 명사성 어휘

- 소유 我有很多朋友。 나는 친구가 많다.
  Wǒ yǒu hěn duō péngyou.

- 포함 一年有十二个月。 1년은 12달이다.
  Yì nián yǒu shí'èr ge yuè.

- 존재 我们学校有教学楼、办公楼、宿舍楼。
  Wǒmen xuéxiào yǒu jiàoxuélóu、bàngōnglóu、sùshèlóu.
  우리 학교에는 강의 건물, 행정 건물, 기숙사 건물이 있다.

- 열거 操场上有踢球的，有跑步的。 운동장에는 공 차는 사람, 달리기 하는 사람이 있다.
  Cāochǎng shang yǒu tī qiú de, yǒu pǎobù de.

- 짐작 **我看你弟弟大约有二十多岁。** 내가 보기에 네 남동생은 대략 20살 이상인 것 같다.
  Wǒ kàn nǐ dìdi dàyuē yǒu èrshí duō suì.

有가 새로운 상황의 발생이나 출현을 표현할 때는 변화를 나타내는 了를 동반합니다.

> **명사성 어휘 + 有(了) + 동사 / 명사**

- **最近，他的汉语有了明显的进步。** 최근에 그의 중국어 실력은 눈에 띄게 향상되었다.
  Zuìjìn, tā de Hànyǔ yǒu le míngxiǎn de jìnbù.

❷ 부정문

没를 有 앞에 위치시켜 만듭니다. 부정사로 不를 쓰지 않는다는 점에 주의하세요.

> **장소 / 시간사 + 没有 + 명사성 어휘**

- **今天我没有时间。** 나는 오늘 시간이 없다.
  Jīntiān wǒ méiyǒu shíjiān.

❸ 의문문

문장 끝에 吗를 사용하거나, 有(~이 있다)와 부정형인 没有(~이 없다)를 함께 나열하여 만듭니다.

> **명사 / 대사 + 有 + 명사성 어휘 + 吗?**
> **명사 / 대사 + 没有 + 명사성 어휘 + 吗?**
> **명사 / 대사 + 有没有 + 명사성 어휘?**

- **你有时间吗?** 너 시간 있니?
  Nǐ yǒu shíjiān ma?

- **你没有时间吗?** 너 시간 없니?
  Nǐ méiyǒu shíjiān ma?

- **你有没有时间?** 너 시간 있니 없니?
  Nǐ yǒu méiyǒu shíjiān?

연습은 **실전같이!**

→ 정답 및 해설 191p

문제 1

다음 문장에서 틀린 곳을 찾아 바르게 고치세요.

(1) 他是不大夫。

→ _____

(2) 我不有朋友。

→ _____

(3) 他是不是大夫吗?

→ _____

(4) 他的鞋在这儿我。

→ _____

문제 2

A, B, C, D 중 주어진 단어가 들어갈 적당한 위치를 고르세요.

(1) 最近 Ⓐ , 他的 Ⓑ 汉语有 Ⓒ 明显 Ⓓ 的进步。　了

(2) 那时候 Ⓐ 他 Ⓑ 在 Ⓒ 图书馆 Ⓓ 。　没

문제 3

괄호 속에 들어갈 알맞은 글자를 쓰세요.

(1) 那本书是他（　　　　　）。

(2) 衣服在衣柜（　　　　　）。

(3) 你有（　　　　　）有时间?

UNIT 02 是 / 的 / 在 / 有 문장　**27**

03

✳

형용사 술어문

✳ **형용사 술어문이란?** —————————————————

서술어의 주요 성분이 형용사인 문장을 말합니다.

· 형용사 술어문　[기본형식]　주어 + 서술어(형용사)

→ 첫걸음 Unit 02

형용사 술어문의 특징

❶ 형용사 술어문의 서술어

형용사가 직접 서술어로 쓰이며, 이런 경우에는 **是를 쓰지 않습니다.**

- **中国地域**辽阔，**物产**丰富。 중국은 지역이 넓고, 물자가 풍부하다.
  Zhōngguó dìyù liáokuò, wùchǎn fēngfù.

  → **中国地域**是辽阔，**物产**是丰富。 ✕

- **这件衣服样子很**新。 이 옷의 디자인은 참 새롭다.
  Zhè jiàn yīfu yàngzi hěn xīn.

  → **这件衣服样子**是很新。 ✕

❷ 정도 부사의 수식

대부분의 형용사는 **정도 부사의 수식**을 받을 수 있습니다.   ▶정도 부사: 부사 99쪽 참고

정도 부사 + 형용사

- **很**贵。 정말 비싸.
  Hěn guì.

- **非常**清楚。 매우 확실해.
  Fēicháng qīngchu.

- **挺**可爱。 너무 귀엽다.
  Tǐng kě'ài.

❸ 형용사 술어문의 부정

부정하는 내용이 **성질이나 상태**이면 일반적으로 **不를 사용**합니다.

不 + 형용사

- **这双鞋**不贵。 이 신발은 안 비싸.
  Zhè shuāng xié bú guì.

- **他最近**不忙。 그 사람 요즘 안 바빠.
  Tā zuìjìn bù máng.

- **爸爸说，他**不太累。 아버지께서 많이 피곤하지는 않다고 하셨어.
  Bàba shuō, tā bú tài lèi.

어떤 **성질이나 상태의 발생과 변화를 부정할 때는** 没를 쓰며, 일반적으로 형용사 앞에 부사 还를 사용하거나 문장 끝에 어기조사 呢를 씁니다.

> **(还)没 + 형용사 (+ 呢)**

- **我还没饱，想再吃点儿。** 난 아직 배가 안 불러, 좀 더 먹고 싶어.
  Wǒ hái méi bǎo, xiǎng zài chī diǎnr.

- **天气还没暖和。** 날씨가 아직 따뜻하지 않다.
  Tiānqì hái méi nuǎnhuo.

❹ 의문문 만들기

[형용사 + 吗?] 또는 [형용사의 긍정 + 형용사의 부정]으로 의문문을 만들 수 있습니다.

- **来超市的人多吗?** 슈퍼마켓에 오는 사람 많아?
  Lái chāoshì de rén duō ma?

- **跟我一起去，好不好?** 나랑 같이 가는 게 어때?
  Gēn wǒ yìqǐ qù, hǎo bu hǎo?

> **Tip**
> 성반의문문에서는 의문사 吗를 쓰지 않습니다. 긍정형식과 부정형식 사이에 오는 不는 경성으로 읽어 주세요. 짧고 가볍게!

② 형용사란?

사람이나 사물의 생김새나 상태, 성질을 표현하거나 혹은 **동작이나 행위의 성질이나 상태를 표현**하는 말입니다.

❶ 서술어

문장에서 서술어로 쓰입니다.

- **我很忙。** 나는 매우 바빠.
  Wǒ hěn máng.

- **金老师最高。** 진 선생님이 제일 크셔.
  Jīn lǎoshī zuì gāo.

- **他的姐姐很漂亮。** 그의 누나는 정말 예뻐.
  Tā de jiějie hěn piàoliang.

❷ 정도 부사의 수식

많은 형용사들이 정도 부사의 수식을 받습니다.

- **我很好。** 나는 잘 지내.
  Wǒ hěn hǎo.

- **你的脸特别红。** 네 얼굴이 굉장히 빨갛다.
  Nǐ de liǎn tèbié hóng.

- **我们学校的食堂挺大。** 우리학교 식당은 아주 커.
  Wǒmen xuéxiào de shítáng tǐng dà.

> **Tip**
>
> 일부 형용사는 그 자체에 이미 정도의 의미를 포함하고 있기 때문에 정도 부사의 수식을 받을 수 없답니다.
> - 雪白 xuěbái (마치 눈처럼) 희다   → 很雪白 ✗
> - 冰凉 bīngliáng (얼음처럼) 차갑다   → 非常冰凉 ✗

❸ 형용사의 최상급

중국어에서 **형용사 최상급을 표현하고 싶다면 정도 부사를 사용**해야 합니다. 이는 표현하고 싶은 등급에 따라 한자 자체에 변화가 일어나지 않기 때문입니다.

좋은 느낌(好)을 다양한 단계로 표현해 보면 다음과 같습니다.

不太好	比较好	好	很好	非常好	极好
bú tài hǎo	bǐjiào hǎo	hǎo	hěn hǎo	fēicháng hǎo	jí hǎo
별로 안 좋다	비교적 좋다	좋다	아주 좋다	매우 좋다	극도로 좋다

❹ 단독으로 쓰일 때

형용사가 부사 없이 **단독으로 서술어**로 쓰이면 일반적으로 **대조나 비교의 의미를 내포**하게 됩니다.

- **外边凉快，咱们去外边吧。** 밖은 시원해, 우리 밖으로 가자.
  Wàibiān liángkuai, zánmen qù wàibiān ba.   → '안쪽은 덥다'는 의미를 내포

- **他的女朋友漂亮。** 그의 여자 친구는 예쁘다.
  Tā de nǚpéngyou piàoliang.   → '다른 사람의 여자 친구는 예쁘지 않다'는 의미를 내포

- **这本书新。** 이 책은 새 책이다.
  Zhè běn shū xīn.   → '다른 책은 새 책이 아니다'라는 의미를 내포

이런 대조나 비교의 의미를 나타내려는 것이 아니라면 형용사 앞에 정도 부사 很을 꼭 써야 합니다. 이 때 很은 좀 약하게 읽으며, '아주'라는 의미는 거의 없어집니다.

- **外边很凉快。** 밖은 정말 시원해.
  Wàibiān hěn liángkuai.　　　　→ '시원하다'는 느낌을 강조

- **他的女朋友很漂亮。** 그의 여자 친구는 정말 예쁘다.
  Tā de nǚpéngyou hěn piàoliang.　→ '예쁘다'는 느낌을 강조

- **这本书很新。** 이 책은 새 책이야.
  Zhè běn shū hěn xīn.　　　　→ '새 책'이라는 느낌을 강조

> **Tip**
> 만약 강조하고 싶은 문장이라면 很을 의식적으로 강하게 읽습니다. 他很聪明이라고 하면 '확실히 ~이다'라는 인정, 판단의 느낌을 강조하게 됩니다.

⑤ 관형어

관형어로 쓰여 명사나 명사구를 수식합니다.

1. **단음절 형용사**(몇몇 이음절 형용사 포함)가 관형어로 쓰이면 <u>的는 필요 없게</u> 됩니다.

- **他是我的好朋友。** 그는 나의 좋은 친구야.
  Tā shì wǒ de hǎo péngyou.

- **那是我大哥。** 저쪽은 나의 큰형이야.
  Nà shì wǒ dà gē.

- **这是我的新书包。** 이건 내 새 책가방이야.
  Zhè shì wǒ de xīn shūbāo.

> **Tip**
> 형용사가 직접 한정어가 되는 경우는 매우 제한적이며 습관에 의해 형성된 것이라 암기해야 합니다. 예로 短发 duǎnfà(짧은 머리)라고는 쓰지만 '짧은 천'을 표현하고 싶을 때는 短布 duǎnbù라고 하지 않고, 很短的布 hěn duǎn de bù라고 해야 합니다.

2. **이음절 형용사**는 비교적 고정적인 형태를 제외하고는 일반적으로 **가운데 的**를 넣어야 합니다.

- **我羡慕他高高的个子。** 나는 그의 큰 키가 부러워.
  Wǒ xiànmù tā gāogāo de gèzi.

- **我喜欢漆黑的头发。** 나는 새까만 머리카락이 좋아.
  Wǒ xǐhuan qīhēi de tóufa.

- **妈妈有一双大大的眼睛。** 엄마는 커다란 눈을 가지셨다.
  Māma yǒu yì shuāng dàdà de yǎnjing.

3. **多나 少** 등은 단독으로 명사를 수식할 수 없으므로 **부사와 함께** 써야 합니다.

- 他昨天买了很多CD。 그는 어제 많은 CD를 샀어.
  Tā zuótiān mǎi le hěn duō CD.

- 我在中国有很多朋友。 난 중국에 많은 친구들이 있어.
  Wǒ zài Zhōngguó yǒu hěn duō péngyou.

- 我们班只有很少的同学买了新衣服。 우리 반에서 아주 적은 학생만 새 옷을 샀다.
  Wǒmen bān zhǐyǒu hěn shǎo de tóngxué mǎi le xīn yīfu.

⑥ 부사어

부사어로 쓰여 동사나 형용사를 수식하기도 합니다.

1. 단음절 형용사가 단독으로 부사어로 쓰이는 경우는 많지 않으며 중심어와 결합할 때에
   도 단음절 동사와 결합하는 경우가 많습니다.

- 少说空话! 쓸데없는 소리 그만해!
  Shǎo shuō kōnghuà!

> **Tip**
>
> 형용사가 단독으로 부사어로 쓰이는 어휘
>
> | 多 | 少 | 晚 | 慢 | 新 | 大 |
> |------|-------|------|------|------|------|
> | duō | shǎo | wǎn | màn | xīn | dà |
> | 많다 | 적다 | 늦다 | 느리다 | 새롭다 | 크다 |

2. 이음절 형용사가 동작이나 변화를 묘사할 때는 地를 써도 되고 안 써도 되지만, **묘사하는**
   사람이 동작하는 사람과 일치하면 地를 써야 합니다.

- 我仔细(地)看了E-mail。 나는 이메일을 자세히 보았다.
  Wǒ zǐxì (de) kàn le E-mail.   → 자세하게 보는 동작을 묘사

- 女朋友满意地点点头。 여자 친구는 만족스럽게 고개를 끄덕인다.
  Nǚpéngyou mǎnyì de diǎndian tóu.   → 만족스러운 여자 친구를 묘사

⑦ 보어

보어로 쓰여 동사나 형용사 뒤에서 보충 설명을 하기도 합니다.

1. 단음절이나 이음절 형용사 모두 단독으로 쓰여 보어로 쓰입니다.

- 弟弟球踢得好。 남동생은 공을 잘 차.
  Dìdi qiú tī de hǎo.

- 今天玩得开心。 오늘 재미있게 놀았어.
  Jīntiān wán de kāixīn.

2. 형용사가 단독으로 쓰여 **得가 있는 문장의 보어로 쓰일 때**는 대조나 비교의 의미를 지니게 됩니다.

- **李老师长得**漂亮。 리 선생님은 예쁘셔.
  Lǐ lǎoshī zhǎng de piàoliang.　　　　　→ '다른 사람은 안 예쁘다'는 느낌을 표현

- **我爸爸走得**快。 우리 아빠는 걸음이 빠르셔.
  Wǒ bàba zǒu de kuài.　　　　　→ '우리 엄마는 걸음이 느리다' 또는 '친구의 아빠는 걸음이 느리다'는 느낌을 표현

- **姐姐字写得**慢。 누나(언니)는 글씨 쓰는 것이 느려.
  Jiějie zì xiě de màn.　　　　　→ '다른 사람들은 글씨를 빨리 쓴다' 또는 '누나(언니)는 글씨 쓰는 건 느리지만 다른 것은 느리지 않다'는 느낌을 표현

3. 비교의 의미 없이 단순히 묘사를 할 때는 형용사 앞에 정도 부사를 쓰면 됩니다.

- **李老师长得很**漂亮。 리 선생님은 예쁘셔.
  Lǐ lǎoshī zhǎng de hěn piàoliang.

- **我爸爸走得很**快。 우리 아빠는 걸음이 빠르셔.
  Wǒ bàba zǒu de hěn kuài.

- **姐姐字写得很**慢。 누나는 글씨 쓰는 것이 느려.
  Jiějie zì xiě de hěn màn.

③ 형용사의 중첩

말하는 사람의 **주관적인 판단이나 감정을 표현**하거나, **의미 강조 혹은 생동감 있는 묘사**를 위해 형용사를 중첩합니다.

❶ 규칙 1 - 단음절 형용사: A → AA

大 → 大大	长 → 长长	慢 → 慢慢
dà　dàdà	cháng chángcháng	màn　mànmàn

- **她买了一个**大大**的面包。** 그녀는 커다란 빵을 하나 샀다.
  Tā mǎi le yí ge dàdà de miànbāo.

- **妹妹有一头**长长**的头发。** 여동생은 긴 머리카락을 가지고 있다.
  Mèimei yǒu yì tóu chángcháng de tóufa.

- **路滑，**慢慢**走吧。** 길이 미끄러우니 천천히 걸어.
  Lù huá, mànmàn zǒu ba.

❷ 규칙 2 - 이음절 형용사: 세 가지 방식

1. 일반적인 이음절 형용사: AB → AABB

清楚 qīngchu → 清清楚楚 qīngqingchǔchǔ

明白 míngbai → 明明白白 míngmingbáibái

简单 jiǎndān → 简简单单 jiǎnjiandāndān

干净 gānjìng → 干干净净 gānganjìngjìng

· 你要看得清清楚楚。 너 똑바로 봐야 해.
  Nǐ yào kàn de qīngqingchǔchǔ.

· 她穿得漂漂亮亮的。 그녀는 정말 아름답게 차려 입었어.
  Tā chuān de piàopiaoliàngliàng de.

· 她简简单单地做了几个菜。 그녀는 간단한 음식을 몇 가지 만들었다.
  Tā jiǎnjiandāndān de zuò le jǐ ge cài.

2. 수식구조의 형용사: AB → ABAB , 일반적으로 **정도가 심함**을 나타냅니다.

雪白 xuěbái → 雪白雪白 xuěbáixuěbái

笔直 bǐzhí → 笔直笔直 bǐzhíbǐzhí

冰凉 bīngliáng → 冰凉冰凉 bīngliángbīngliáng

通红 tōnghóng → 通红通红 tōnghóngtōnghóng

· 为了有一口雪白雪白的牙齿而努力刷牙。 새하얀 치아를 위해 열심히 양치질한다.
  Wèile yǒu yì kǒu xuěbáixuěbái de yáchǐ ér nǔlì shuā yá.

· 他站得笔直笔直的。 그는 똑바로 서 있다.
  Tā zhàn de bǐzhíbǐzhí de.

> **Tip**
>
> 漂亮, 高兴, 舒服, 热闹, 明白는 의미에 따라 AABB, ABAB 둘 다 가능합니다.
>
> · 他高高兴兴地走了。 그는 기뻐하며 떠나갔다.
>   Tā gāogaoxìngxìng de zǒu le.
>
> · 你给他们说说，也让他们高兴高兴。 네가 그들에게 말해서 그들도 즐겁게 해줘.
>   Nǐ gěi tāmen shuōshuo, yě ràng tāmen gāoxìnggāoxìng.

3. 미움과 경멸의 의미를 표현하는 형용사: AB →A里AB

糊涂 hútu → 糊里糊涂 húlihútú

土气 tǔqì → 土里土气 tǔlitǔqì

傻气 shǎqì → 傻里傻气 shǎlishǎqì

马虎 mǎhu → 马里马虎 mǎlimǎhu

- **我讨厌他**糊里糊涂**的样子。** 나는 그의 흐리멍덩한 모습이 싫어.
  Wǒ tǎoyàn tā húlihútú de yàngzi.

- **他总是穿得**土里土气**的。** 그는 항상 옷을 촌스럽게 입는다.
  Tā zǒngshì chuān de tǔlitǔqì de.

Tip

'예쁘다'라는 뜻의 漂亮은 漂里漂亮으로 중복할 수 없습니다.

❸ 중첩할 수 없는 형용사

伟大	幸福	勇敢	美丽	熟悉	困难
wěidà	xìngfú	yǒnggǎn	měilì	shúxi	kùnnan
위대하다	행복하다	용감하다	아름답다	익숙하다	곤란하다

光明	英明	艰巨	假	悲	贼
guāngmíng	yīngmíng	jiānjù	jiǎ	bēi	zéi
환하다	영명하다	막중하다	거짓되다	슬프다	교활하다

Tip

자주 쓰는 형용사

大 dà 크다	小 xiǎo 작다	多 duō 많다	少 shǎo 적다
远 yuǎn 멀다	近 jìn 가깝다	长 cháng 길다	短 duǎn 짧다
轻 qīng 가볍다	重 zhòng 무겁다	高 gāo 높다	低 dī 낮다
新 xīn 새롭다	旧 jiù 낡은	晚 wǎn 늦다	早 zǎo 이르다
深 shēn 깊다	浅 qiǎn 얕다	快 kuài 빠르다	慢 màn 늦다
好 hǎo 좋다	坏 huài 나쁘다	贵 guì 비싸다	便宜 piányi 싸다
饿 è 배고프다	饱 bǎo 배부르다	难 nán 어렵다	容易 róngyì 쉽다
渴 kě 목마르다	苦 kǔ 쓰다	真 zhēn 진짜이다	假 jiǎ 가짜이다
干净 gānjìng 깨끗하다	健康 jiànkāng 건강하다	病 bìng 병나다	糊涂 hútu 멍청하다
黄 huáng 노랗다	白 bái 희다	红 hóng 붉다	黑 hēi 검다
甜 tián 달다	咸 xián 짜다	聪明 cōngming 총명하다	热闹 rènao 번화하다, 떠들썩하다

연습은 실전같이!

→ 정답 및 해설 192p

문제 1 다음 문장에서 틀린 곳을 찾아 바르게 고치세요.

(1) 你的脸特别雪白。

→ _____

(2) 昨天我工作很忙了。

→ _____

(3) 他是我的好的朋友。

→ _____

(4) 她做了简单简单的菜。

→ _____

문제 2 A, B, C, D 중 주어진 단어가 들어갈 적당한 위치를 고르세요.

(1) 妈妈 Ⓐ 有 Ⓑ 一双 Ⓒ 大大 Ⓓ 眼睛。　　的

(2) 跟我 Ⓐ 一起 Ⓑ 去，好 Ⓒ 好 Ⓓ ?　　不

(3) Ⓐ 他 Ⓑ 最近 Ⓒ 忙 Ⓓ 。　　不

문제 3 괄호 속에 들어갈 알맞은 글자를 쓰세요.

(1) 我讨厌他糊（　　　　）糊涂的样子。

(2) 他昨天买了（　　　　）多CD。

(3) 女朋友满意（　　　　）点点头。

UNIT
04

✳

명사 술어문

✳ **명사 술어문이란?** ────────────

서술어의 주요 성분이 명사, 명사구, 수량사 등인 문장을 말합니다.
서술어는 주로 날짜, 날씨, 연령, 수량, 가격, 특징, 속성 등을 나타냅니다.

• **명사 술어문** 기본형식 주어 + 서술어(명사/명사구/수량사)

→ 첫걸음 Unit 09

① 명사 술어문의 특징

❶ 서술어에 부사가 올 수 있습니다.

- **明天已经**十月十号**了。** 내일이 벌써 10월 10일이야.
  Míngtiān yǐjīng shí yuè shí hào le.

- **三斤草莓一共**三块五毛**。** 딸기 세 근은 모두 3.5위안이야.
  Sān jīn cǎoméi yígòng sān kuài wǔ máo.

❷ 부정형식

명사 술어문은 주어를 설명하고 묘사하는 문장이므로 부정형식은 반박하는 경우에 한정되어 사용하며 형식은 **不是**를 씁니다. 즉, 부정을 나타내고자 할 때는 **是**자문을 사용하여 나타냅니다. ▶ 是자문: 22쪽 참고

- **今天不是**三号，**今天四号。** 오늘은 3일이 아니라, 4일이야.
  Jīntiān bú shì sān hào, jīntiān sì hào.

- **我不是**中国人，**我是**韩国人。 난 중국 사람이 아니라, 한국 사람이야.
  Wǒ bú shì Zhōngguórén, wǒ shì Hánguórén.

> **Tip**
> 위 형식은 회화체에서 자주 쓰이는 문형으로 서면어나 격식을 갖추는 상황에서는 잘 사용하지 않습니다.

② 명사란?

사람이나 사물의 명칭을 표현하는 말입니다.

❶ 명사의 종류

1. 일반명사

学生 학생	**路** 길	**笔** 펜
xuésheng	lù	bǐ

2. 방위명사

공간과 시간을 표현하는 말로, 단음절 방위명사와 합성방위명사로 나뉩니다. 단음절 방위명사는 주로 다른 말에 붙어서 의존적으로 쓰이고, 합성방위명사는 단독으로도 쓰입니다.

방위명사표

		上 shàng	下 xià	前 qián	后 hòu	左 zuǒ	右 yòu	里 lǐ	外 wài	内 nèi	中 zhōng	间 jiān	旁 páng
앞에 첨가	以 yǐ	○	○	○	○				○	○			
	之 zhī	○	○	○	○				○	○	○	○	
뒤에 첨가	边 biān	○	○	○	○	○	○	○	○				○
	面 miàn	○	○	○	○	○	○	○	○				
	头 tóu	○	○	○	○			○	○				

※ 표에서 ○가 있는 어휘만 결합 가능함을 표시
※ 边, 面, 头가 뒤에 첨가될 때에는 경성으로 발음

- **我的照片在那个书包里。** 내 사진은 그 책가방 안에 있어.
  Wǒ de zhàopiàn zài nà ge shūbāo li.

- **前边有一个很大的商场。** 앞쪽에 큰 상점이 하나 있어.
  Qiánbian yǒu yí ge hěn dà de shāngchǎng.

3. 시간명사

现在 지금   **今天** 오늘   **星期** 주, 요일   **晚上** 저녁   **下午** 오후
xiànzài   jīntiān   xīngqī   wǎnshang   xiàwǔ

…年 ~년, 해   **…后** ~후   **…月** ~월   **…点** ~시   **…时** ~시, 때
nián   hòu   yuè   diǎn   shí

❷ 명사의 쓰임

1. 거의 모든 문장 성분이 될 수 있습니다.

小李   **今天**   **看**   **图书馆的**   **小说**   **看了**   **一个小时了。**
Xiǎo Lǐ   jīntiān   kàn túshūguǎn de   xiǎoshuō   kàn le   yí ge xiǎoshí le.
주어   부사어   관형어   목적어   보어

2. **서술어**로도 쓰입니다.

- **今天**星期三。 오늘은 수요일이다.
  Jīntiān xīngqīsān.

- **他**十六岁。 그는 열여섯 살이야.
  Tā shíliù suì.

3. 시간명사가 부사어로 쓰이는 경우에는 주어와 서술어 사이에 위치해야 하는데, **시간을 강조하고 싶으면 주어 앞에** 써도 상관없습니다.

- **我们**明天**去看京剧**。 우리는 내일 경극을 보러 가.
  Wǒmen míngtiān qù kàn jīngjù.

- **明天**我们去看京剧。 내일 우리는 경극을 보러 가.
  Míngtiān wǒmen qù kàn jīngjù.

4. 수사의 수식을 받을 수 있으나 직접 숫자와 결합하지는 않고, 수사와 명사 사이에 양사를 써야 합니다.

수사 + 양사 + 명사

- **三学生** ✕ → **三个**学生 학생 세 명
  　　　　　　　　sān ge xuésheng

- **两桌子** ✕ → **两张**桌子 탁자 두 개
  　　　　　　　　liǎng zhāng zhuōzi

5. 在, 去, 来가 명사나 대사를 목적어로 가지려면 방위사나 这儿, 那儿 등을 이용하여 명사나 대사를 장소를 나타내는 말로 바꾸어줘야 합니다.

在 / 去 / 来 + 명사 / 대명사 + 방위사 / 这儿 / 那儿

- **他**在沙发上**看书**。 그는 소파에서 책을 본다.
  Tā zài shāfā shang kàn shū.

- **我**去王老师那儿**了**。 나는 왕 선생님이 계신 (그)곳에 갔다.
  Wǒ qù Wáng lǎoshī nàr le.

6. 복수를 나타낼 때는 **복수를 나타내는 어휘**를 사용합니다.

① 수량사 / 很多 + 명사

- 三位老师 선생님 세 분
  sān wèi lǎoshī

② 부사 都나 全 사용

- 客人都来了。 손님들은 다 오셨습니다.
  Kèrén dōu lái le.

③ 사람명사 + 们:

- 我们 우리
  wǒmen

- 朋友们 친구들
  péngyoumen

> **Tip**
>
> 们은 다른 복수를 나타내는 성분들과는 함께 쓰지 않습니다.
> 三个同学们 ✕　　　我们的老师们 ✕

7. 국가명이니 지명 뒤에는 방위명사 里를 붙일 수 없습니다.

- A 老师现在在哪儿? 선생님은 지금 어디에 계시니?
  Lǎoshī xiànzài zài nǎr?

  B 在中国里。 ✕

- 北京里的人太多了。 ✕

> **Tip**
>
> …上과 …里의 구분법
>
> 里: 장소를 공간으로 생각할 때　예 书包里 shūbāo li, 心里 xīnli
> 上: 장소를 면으로 생각할 때　예 墙上 qiáng shang, 桌子上 zhuōzi shang

연습은 실전같이!

→ 정답 및 해설 192p

문제 1

다음 문장에서 틀린 곳을 찾아 바르게 고치세요.

(1) 我们班有三十学生。

→ _____

(2) 今天我们的老师们都来吗?

→ _____

(3) 老师现在在中国里。

→ _____

(4) 我的照片在那个书包。

→ _____

문제 2

A, B, C, D 중 주어진 단어가 들어갈 적당한 위치를 고르세요.

(1) Ⓐ 明天 Ⓑ 十月十号 Ⓒ 了 Ⓓ 。　已经

(2) 我 Ⓐ 是 Ⓑ 中国人，我是 Ⓒ 韩国人 Ⓓ 。　不

문제 3

괄호 속에 들어갈 알맞은 글자를 쓰세요.

(1) 他在沙发（　　　　）看书。

(2) 我要去老师（　　　　）拿东西。

(3) 三车货（　　　　）5万块。

UNIT
05

✳

대사를
이용하는 문장

✳ **대사代词 dàicí란?** —————————————

명사, 동사, 형용사, 수사 등을 대신하여 쓰이는 말을 대사라고 합니다.

→ 첫걸음 Unit 01

❶ 대사의 종류

❶ 인칭대사

	1인칭	2인칭	3인칭		
단수	我 나 wǒ	你 너 nǐ	他 그 tā	她 그녀 tā	它 그것 tā
복수	我们 / 咱们 우리 wǒmen / zánmen	你们 너희들 nǐmen	他们 그들 tāmen	她们 그녀들 tāmen	它们 그것들 tāmen

1. 我们과 咱们

    회화체에서 많이 사용하는 **咱们은 대화 중인 상대방을 반드시 포함**하지만, 我们은 포함하지 않을 수도 있습니다.

    · **老师，请告诉**我们**你的地址。**
      Lǎoshī, qǐng gàosu wǒmen nǐ de dìzhǐ.　　　→ 대화 상대인 선생님은 我们에 포함되지 않음
      선생님, 저희에게 선생님 주소 좀 알려 주세요.

    · **老师，**我们**一起去吃饭吧。** 선생님, 우리 같이 식사해요.
      Lǎoshī, wǒmen yìqǐ qù chī fàn ba.　　　→ 선생님 포함

    · **老师，**咱们**走吧。** 선생님, 우리 가요.
      Lǎoshī, zánmen zǒu ba.　　　→ 선생님 포함

2. 你와 您

    你의 존칭인 您은 회화체에서 복수를 나타낼 경우 您们으로 쓰이지 않고, **您两位** nín liǎng wèi, **您诸位** nín zhū wèi, **您几位** nín jǐ wèi라고 말합니다.

    > 예외적으로 서면어에서는 간혹 您们이라는 복수형태를 사용하기도 합니다.

3. 他们과 它

    ① 他们은 일반적으로 남성을 나타내나, 여성을 포함하기도 합니다.

    · **姐姐和弟弟**他们**都回来了。** 누나(언니)와 남동생, 그들은 모두 돌아왔어.
      Jiějie hé dìdi tāmen dōu huílai le.

    ② 它나 它们은 사물이나 사람 이외의 기타 생물을 대신 가리키는 것으로, 실제 언어 환경에서는 **대부분 생략되고 잘 사용되지 않습니다**. 단 把자문에서는 생략할 수 없습니다.

- **这本词典放在这儿好几天了，是谁的?** → 它是谁的라고 하지 않음
  Zhè běn cídiǎn fàngzài zhèr hǎo jǐ tiān le, shì shéi de?
  이 사전은 여기에 며칠 동안 놓여져 있던데, 누구 것이니?

- **这两件衬衫很好看，我很想买。** → 买它们이라고 하지 않음
  Zhè liǎng jiàn chènshān hěn hǎokàn, wǒ hěn xiǎng mǎi.
  이 셔츠 두 벌은 너무 예뻐서, 사고 싶다.

4. 인칭대사가 <u>친척관계나 소속관계를 나타내는 문장에서 관형어 역할</u>을 할 때는 일반적으로 조사 的를 생략합니다.

- **我(的)弟弟** 내 남동생
  wǒ (de) dìdi

- **我(的)办公室** 나의 사무실
  wǒ (de) bàngōngshì

❷ 의문대사

의문대사뿐만 아니라 **의문부사까지 포함**합니다.

질문 내용	의문대사		
사람·사물	谁 누구 shéi	什么 무엇, 어떤 shénme	哪 어느 nǎ
모습·방식	怎么 어떻게 zěnme	怎样 어때 zěnyàng	怎么样 어때 zěnmeyàng
시간·장소	哪里 어디 nǎli		哪儿 어디 nǎr
숫자	多少 얼마 duōshao		几 몇 jǐ

1. **谁**는 '누구'라는 뜻으로 **주어, 목적어, 관형어**로 쓰입니다.

- **你是谁?** 넌 누구니?
  Nǐ shì shéi?

- **他是谁的朋友?** 저 사람은 누구 친구야?
  Tā shì shéi de péngyou?

- **谁最聪明?** 누가 제일 똑똑해?
  Shéi zuì cōngming?

> **Tip**
> 谁 shéi는 shuí로 발음하기도 합니다.

46

2. 什么는 '무엇', '어떤'의 뜻으로 주로 **명사 앞에** 쓰입니다.

- **你喜欢什么颜色的衣服?** 넌 어떤 색상의 옷을 좋아하니?
  Nǐ xǐhuan shénme yánsè de yīfu?

- **爸爸什么时候回来?** 아빠는 언제 돌아오셔?
  Bàba shénme shíhou huílai?

- **你想去什么地方?** 너는 어느 곳에 가고 싶니?
  Nǐ xiǎng qù shénme dìfang?

- **你笑什么?** 왜 웃어?
  Nǐ xiào shénme?

> **Tip**
>
> 의문대사에 물음표를 붙이면 의문을, 느낌표를 붙이면 부정의 의미를 나타냅니다.
> - 你笑什么?_ 왜 웃어?   • 你笑什么!_ 웃긴 왜 웃어!
>   Nǐ xiào shénme?   Nǐ xiào shénme!

3. 怎么는 '어떻게', '어떤'이라는 뜻으로 **방식이나 원인, 상황**을 나타냅니다.

- **请问，去天安门怎么走?** 말씀 좀 여쭐게요. 톈안먼에 가려면 어떻게 가죠?
  Qǐngwèn, qù Tiān'ānmén zěnme zǒu?

- **你怎么不去?** 너는 왜 안 가니?
  Nǐ zěnme bú qù?

- **你怎么了?** 왜 그래? (무슨 일이야?)
  Nǐ zěnme le?

4. 哪儿은 '어디'라는 뜻으로 **장소를 물을 때** 쓰입니다.

- **你去哪儿?** 어디 가?
  Nǐ qù nǎr?

- **他从哪儿来?** 그 사람은 어디서 왔어?
  Tā cóng nǎr lái?

- **你住在哪儿?** 너는 어디에 사니?
  Nǐ zhùzài nǎr?

5. 哪는 '어느'라는 뜻으로 **성질이나 특성, 소속, 원하는 바를 물을 때 양사 혹은 양사 역할을 하는 명사와 함께** 씁니다.

- 你是哪国人? 너는 어느 나라 사람이야?
  Nǐ shì nǎ guó rén?

- 爸爸要哪个? 아빠는 어느 것을 원하셔?
  Bàba yào nǎ ge?

- 今天穿哪件衣服好呢? 오늘은 어떤 옷을 입는 것이 좋을까?
  Jīntiān chuān nǎ jiàn yīfu hǎo ne?

6. 多少와 几

   多少는 **숫자의 많고 적음에 상관없이** 쓰이고, 양사는 있어도 되고 없어도 됩니다. 그러나 几는 **10미만의 숫자를 나타내고, 양사와 함께 써야** 합니다.

- 这个大学有多少(个)学生? 이 대학에는 학생이 몇 명이나 있나요?
  Zhège dàxué yǒu duōshao (ge) xuésheng?

- 你有几本中文书? 너는 중국어 책이 몇 권이나 있니?
  Nǐ yǒu jǐ běn Zhōngwén shū?

- 你家有几口人? 너희 식구는 몇 명이야?
  Nǐ jiā yǒu jǐ kǒu rén?

❸ 지시대사

这 이 zhè	这些 zhèxiē 이것들	这里, 这儿 zhèli, zhèr 여기	这么 zhème 이렇게	这样 zhèyàng 이런
那 그, 저 nà	那些 nàxiē 그것들, 저것들	那里, 那儿 nàli, nàr 거기, 저기	那么 nàme 그렇게	那样 nàyàng 그런, 저런

Tip

지시대사는 명사의 역할만을 하는 것이 아니라서 지시대명사라고 하지 않고 지시대사라고 합니다.

1. 这와 那

   가까운 것을 지칭하는 '이(것)'는 这로, 먼 것을 지칭하는 '저(것)'는 那로 표현합니다. 가깝지도 멀지도 않은 중간 단계인 '그(것)'를 표현할 때는 这도 될 수 있고, 那도 될 수 있습니다.

문장에서 대부분 **주어로 쓰여** 사물을 가리키며, **사람을 가리킬 때는** 대부분 **是자문**을 씁니다.

- 这些我都见过。 이것들은 모두 내가 본 적이 있는 것들이야.
  Zhèxiē wǒ dōu jiànguo.

- 那是我们的汉语老师。 저 분은 우리 중국어 선생님이셔.
  Nà shì wǒmen de Hànyǔ lǎoshī.

> **Tip**
>
> 구어체에서는 这个 zhèige, 那个 nèige로 발음하기도 합니다.

2. 这儿과 那儿

   인칭대사나 장소를 나타내지 않는 명사와 결합하여 **장소를 나타내는 역할**을 합니다.

- 到我们这儿来吧。 우리가 있는 (이)곳으로 와.
  Dào wǒmen zhèr lái ba.

- 他们那儿太高了。 그들이 있는 그곳은 너무 높아.
  Tāmen nàr tài gāo le.

3. 这样, 那样과 这么, 那么

   这样, 那样은 **관형어, 서술어, 보어**로도 쓰일 수 있지만, **这么, 那么는 부사어로만** 쓰입니다.

- 관형어 这样的先进人物是值得大家学习的。
  Zhèyàng de xiānjìn rénwù shì zhíde dàjiā xuéxí de.
  이렇게 뛰어난 인물은 모든 사람이 본받고 배울만 해.

- 서술어 你应该这样。 넌 마땅히 이래야지.
  Nǐ yīnggāi zhèyàng.

- 보어 天气怎么热成这样? 날씨가 어쩌면 이렇게 덥니?
  Tiānqì zěnme rèchéng zhèyàng?

- 부사어 怎么这么帅! 어쩌면 이렇게 멋져!
  Zěnme zhème shuài!

- 부사어 他本来那么胖。 그는 원래 그렇게 뚱뚱해.
  Tā běnlái nàme pàng.

❷ 대사의 쓰임 ───────────────

대사는 다음의 여러 쓰임이 있습니다.

❶ 주어/목적어

- 我**爱你**。 나는 너를 사랑해.
  Wǒ ài nǐ.

❷ 관형어/서술어

- 你**的身体**怎么样? 네 건강은 어때?
  Nǐ de shēntǐ zěnmeyàng?

❸ 부사어

- 这个汉字怎么念? 이 한자는 어떻게 읽니?
  Zhè ge Hànzì zěnme niàn?

❹ 보어

- 他们唱得怎么样? 그 사람들 노래 부르는 거 어때?
  Tāmen chàng de zěnmeyàng?

연습은 **실전같이!**

→ 정답 및 해설 193p

문제 1 다음 문장에서 틀린 곳을 찾아 바르게 고치세요.

(1) 到我们来吧。

→ _____

(2) 天气怎么热成这么?

→ _____

(3) 这本词典放在这儿好几天了，它是谁的?

→ _____

(4) 这两件衬衫很好看，我很想买它们。

→ _____

 문제 2 A, B, C, D 중 주어진 단어가 들어갈 적당한 위치를 고르세요.

(1) Ⓐ 王老师是 Ⓑ 一个 Ⓒ 的人 Ⓓ ?   怎样

(2) Ⓐ 今天 Ⓑ 穿 Ⓒ 件衣服 Ⓓ 好呢?   哪

 문제 3 괄호 속에 들어갈 알맞은 글자를 쓰세요.

(1) 那是（   ）杂志?

(2) 我没有你说的（   ）胖。

(3) 他唱歌唱得（   ）?

UNIT
06

✳

수사를
이용하는 문장

✳ **수사**数词 *shùcí***란?**

숫자를 이용해 수량이나 순서를 나타내는 말입니다.

→ 첫걸음 Unit 07 / 09 / 10 / 12

❶ 수사의 종류

숫자를 이용해 수량이나 순서를 나타내는 말을 모두 수사라고 합니다.

一	二	三	四	五	六	七	八	九	十	一百	一千	一万	一亿	一兆 …
yī	èr	sān	sì	wǔ	liù	qī	bā	jiǔ	shí	yì bǎi	yì qiān	yí wàn	yí yì	yí zhào
일	이	삼	사	오	육	칠	팔	구	십	백	천	만	억	조

> 十는 '21'과 같이 十 전후에 숫자가 오면 경성으로 발음합니다. 예 21 → èrshiyī

❷ 수사 사용법

❶ 0 零

숫자 속 0을 읽을 때 다음의 사용법을 주의하세요.

사용법1	중간에 0이 한 번 이상 들어간 경우 零은 한 번만 읽어 준다.	108 → 一百零八 yì bǎi líng bā 1008 → 一千零八 yì qiān líng bā
사용법2	끝부분에 0이 있을 경우 0 바로 앞 단위를 생략하여 읽을 수 있다.	1300 → 一千三(百) yì qiān sān (bǎi) 2500 → 两千五(百) liǎng qiān wǔ (bǎi)
사용법3	0이 앞뒤로 있을 경우 뒤에 있는 0 앞에 마지막 단위는 반드시 읽어 준다.	4060 → 四千零六十 sì qiān líng liùshí 4006 → 四千零六 sì qiān líng liù
사용법4	4자리 단위로 나누어 적용한다.	25,006,009 = 25,00//6,009 → 两千五百万 六千零九 liǎng qiān wǔ bǎi wàn liù qiān líng jiǔ

❷ 1 一

세 자리 이상의 수에서 十, 百, 千 이상의 단위에 숫자 1이 쓰이면 한국어와는 달리 **반드시
一를 넣어 말합니다.** 두 자리 단위의 수에 있어 十 단위의 一는 생략할 수 있습니다.

17	→ 十七	shíqī
117	→ 一百一十七	yì bǎi yīshíqī
100, 1000	→ 百, 千	×
	一百 yì bǎi, 一千 yì qiān	○
4114	→ 四千一百一十四	sì qiān yì bǎi yīshísì

> **Tip**
>
> ┌─ **一의 성조 및 발음 변화** ─┐
>
> 一의 원래 성조는 1성(yī)이지만 단독으로 쓰이거나, 숫자의 마지막 단위에 위치할 때를 제외하면 일반적으로 성조가 변합니다.
>
> • 一 yī의 성조 및 발음 변화
>
> | 1성 | 숫자 중 마지막 자리에 있을 때 | 十一 shíyī | |
> |---|---|---|---|
> | 2성 | 뒤에 성조가 4성인 글자가 올 때 | 一半 yíbàn | 一下 yíxià |
> | 4성 | 뒤에 성조가 1, 2, 3성이 올 때 | 一般 yìbān　一时 yìshí | 一起 yìqǐ |
> | 발음 변화 | 전화번호, 방 번호 등을 말해줄 때 七와의 발음 혼동을 피하기 위해 yāo라고 발음하는 경우가 많다. | ☎1731130 yāo qī sān yāo yāo sān líng | |
>
> • 서수로 쓰이는 숫자 1은 성조가 변하지 않습니다.
> 　第一 dì yī 첫 째
> • 일부 수사의 중첩도 성조가 변하지 않습니다.
> 　一一 yīyī 하나하나의 예
> 　一一给你说明。 예를 하나하나 설명해드릴게요.
> 　Yīyī gěi nǐ shuōmíng.

❸ 2 二과 两

숫자 2는 二 èr과 两 liǎng으로 각각 읽히는데, 구별해서 써야 하는 경우가 있습니다.

1. **二만 사용하는 경우**

　① **양사 없이 홀로** 쓰이거나, **마지막 자리의 수**인 경우

　· 2　二　　　　　　　　　　· 222　二百二十二
　　　　èr　　　　　　　　　　　　　　　　èr bǎi èrshí'èr

모두 가능하지만 중요한 것은 **끝자리는 반드시 二로** 써야 한다는 것입니다. 또한 12,
20은 반드시 十二, 二十라고 읽습니다.

② 차례를 나타낼 경우

- **第二届** 제2회
  dì èr jiè

- **二姐** 둘째 언니(누나)
  èr jiě

- **二月** 2월
  èr yuè

③ 분수, 소수에서 쓰인 경우

- 2/3 **三分之二**
  sān fēnzhī èr

- 2/12 **十二分之二**
  shí'èr fēn zhī èr

- 0.2 **零点二**
  líng diǎn èr

- 12.22 **十二点二二**
  shí'èr diǎn èr èr

> **Tip**
>
> **Q.** 二两이라는 표현도 있던데요?
>
> **A.** 여기서 两은 2라는 뜻이 아니고 중국 전통 단위로 50g에 해당하며, 二两은 100g입니다.

2. 两을 사용하는 경우

   [2+양사+명사]의 형태로 쓰이는 경우로, 이때 양사는 张, 个, 只, 本, 件 등의 일반적인 양사일 때 해당됩니다.

   - **两张名片** 명함 두 장
     liǎng zhāng míngpiàn

   - **两个学生** 학생 두 명
     liǎng ge xuésheng

3. 二과 两은 혼용할 수 있으나 상황에 따라서는 의미가 다릅니다.

   - **二次大战** (세계) 2차 대전
     èr cì dàzhàn
     → 二은 '차례'의 개념

   - **两次大战** 두 차례의 큰 전쟁
     liǎng cì dàzhàn
     → 两은 '수량적'인 개념

> **Tip**
>
> 참고로 수사와 관련된 속담 하나!
> '도토리 키 재기'라는 뜻의 半斤八两이라는 말이 있습니다. 고대 언어에서 斤은 16两을 의미했습니다.
> 즉 半斤이나 八两이나 같은 뜻이 되는 것입니다. 얼마 되지 않는 재주나 조건 등을 가지고 서로 자랑하는 사람들을 볼 때 꼭 해주고 싶은 말!
>
> - 半斤八两! 그거나 그거나지! 도토리 키 재기지!
>   Bàn jīn bā liǎng!

❹ 돈 관련 표현

1. 화폐 단위

구어	**块** 1콰이 kuài	**毛** 0.1콰이 máo	**分** 0.01콰이(위안) fēn
문어	**元** 1위안 yuán	**角** 0.1위안 jiǎo	

2. 돈 읽기

- ¥12 **十二块**
  shí'èr kuài

- ¥4800 **四千八百块**
  sì qiān bā bǎi kuài

돈의 마지막 단위는 생략할 수 있습니다.

- 548.5 **五百四十八块五**(毛)
  wǔ bǎi sìshíbā kuài wǔ (máo)

- 25.86 **二十五块八毛六**(分)
  èrshíwǔ kuài bā máo liù (fēn)

> **Tip**
> • 2.22 两块两毛二分
> 2를 표현힐 때 块, 毛의 단위에는 两을, 分의 단위에는 二을 쓰는 경우가 많습니다.

❺ 시간 관련 표현

1. 년 – 연도는 숫자를 하나하나 읽고 年 nián을 붙입니다.

- 2025년 **二零二五**年
  èr líng èr wǔ nián

- 1999년 **一九九九**年
  yī jiǔ jiǔ jiǔ nián

2. 월 – '월'을 말하는 방법은 우리말과 같이 숫자 뒤에 月 yuè를 붙입니다.

- 2월 **二月**
  èr yuè

- 10월 **十月**
  shí yuè

3. 일 – '일'을 말하는 방법도 우리말과 같으나 구어에서는 号 hào, 문어에서는 日 rì을 씁니다.

- 5일 **五号**
  wǔ hào

- 18일 **十八号**
  shíbā hào

- 21일 **二十一日**
  èrshíyī rì

- 11일 **十一日**
  shíyī rì

4. 요일 – '요일'을 나타내는 星期에 '월~토'까지 숫자 一~六를 차례로 붙입니다. 단, 일요일은 예외로 星期天 xīngqītiān 또는 星期日 xīngqīrì라고 합니다.

星期一	星期二	星期三	星期四	星期五	星期六	星期天 xīngqītiān
xīngqīyī	xīngqī'èr	xīngqīsān	xīngqīsì	xīngqīwǔ	xīngqīliù	星期日 xīngqīrì
월요일	화요일	수요일	목요일	금요일	토요일	일요일

5. 시각

点 시	分 분	秒 초
diǎn	fēn	miǎo

① '시'는 点 diǎn, '분'은 分 fēn으로 나타냅니다.

- 10시 20분 十点二十分
  shí diǎn èrshí fēn

- 3시 28분 三点二十八分
  sān diǎn èrshíbā fēn

② '30'분은 半 bàn, '15분'은 刻 kè를 써서 一刻, '45분'은 三刻로 나타냅니다.

- 2시 반 两点半 / 两点三十分
  liǎng diǎn bàn / liǎng diǎn sānshí fēn

- 8시 45분 八点三刻 / 八点四十五分
  bā diǎn sān kè / bā diǎn sìshíwǔ fēn

③ '＊분 전 ＊시' 할 때 '~전'은 差 chà를 씁니다.

- 10분 전 10시 差十分十点
  chà shí fēn shí diǎn

- 5분 전 6시 差五分六点
  chà wǔ fēn liù diǎn

⑥ 소수, 분수, 백분율, 배수

1. 소수 – 중간점은 点이라고 읽습니다.

- 0.3 零点三
  líng diǎn sān

- 0.31 零点三一
  líng diǎn sān yī

2. 분수 – '분모分之분자' 순으로 읽습니다.

- 7/9 九分之七
  jiǔ fēnzhī qī

- 5⅔ 五又三分之二
  wǔ yòu sān fēnzhī èr
  → 又를 이용합니다.

3. 백분율 - **百分之** bǎi fēnzhī + 해당 숫자

- 55% **百分之五十五**
  bǎi fēnzhī wǔshíwǔ
  → 五十五个百分点도 가능

- 0.1% **百分之零点一**
  bǎi fēnzhī líng diǎn yī

4. 배수 - 숫자 + **倍** bèi

수량의 증가를 나타내는 표현은 혼동을 일으키지 않도록 주의해야 합니다.

- **12是4的三倍。** 12는 4의 3배이다.
  Shí'èr shì sì de sān bèi.

- **12比4大两倍。** 12는 4보다 2배만큼 더 크다.
  Shí'èr bǐ sì dà liǎng bèi.

다음 두 문장은 같은 뜻입니다. 주의하여 확인하세요.

- **今年大麦产量增加到去年的5倍。** 금년 보리 생산량은 작년의 5배이다.
  Jīnnián dàmài chǎnliàng zēngjiā dào qùnián de wǔ bèi.

- **和去年相比，今年大麦产量增加了4倍。**
  Hé qùnián xiāngbǐ, jīnnián dàmài chǎnliàng zēngjiā le sì bèi.
  작년과 비교해서 금년 보리 생산량은 4배 더 증가했다.
  → 增加到5倍 (원래 있던 것 포함) = 增加了4倍 (원래 있던 것 불포함)

> **Tip**
>
> 배수를 사용할 때는 감소를 나타내는 단어와 함께 써서는 안 됩니다.
> - **人口出生率却减少了一倍。** × 인구 출산율은 오히려 1배 감소했다.
> 여기서 减少는 감소를 뜻하는 단어이므로 배수 一倍를 쓸 수 없으며 一倍를 一半으로 바꾸어야 합니다.

❼ 대략적인 수

1. **多**와 **来** - 수사나 양사 뒤에 붙여 그 수량보다 많거나 적음을 표시합니다.

① 두 자리 수 이상의 숫자는 반드시 끝자리가 0으로 끝나야 합니다.

- **十多克米粉** 10여 그램의 쌀가루
  shí duō kè mǐfěn

- **十克多米粉** 10그램 남짓의 쌀가루
  shí kè duō mǐfěn

- **三十多个** 30여 개
  sānshí duō ge
  → 三十五多个 × → 끝자리가 0으로 끝나지 않았으므로 틀린 표현임

② 多(来)는 위치에 따라 의미가 달라집니다.

- 弟弟游了十多(来)米的距离。 남동생은 10여 미터의 거리를 수영했다.
  Dìdi yóu le shí duō (lái) mǐ de jùlí.

- 弟弟游了十米多的距离。 남동생은 10미터 남짓한 거리를 수영했다.
  Dìdi yóu le shí mǐ duō de jùlí.

十多(来)米는 12,13미터 정도를 가리킵니다. 十米多(来)는 10미터 남짓, 11미터에는 이르지 못함을 가리킵니다.

③ 일의 자리 숫자를 나타낼 때 쓰입니다.

숫자 + 양사 + 多(来)

- 三米多(来)长 3m 남짓한 길이
  sān mǐ duō (lái) cháng

- 四公斤多(来)重 4kg 남짓한 무게
  sì gōngjīn duō (lái) zhòng

2. 左右와 前后 - 가량, 정도

① 左右는 **시간사 뒤에** 놓입니다.

- 五十岁左右 50세 전후
  wǔshí suì zuǒyòu

- 三个月左右 3개월 가량
  sān ge yuè zuǒyòu

② 前后는 **특정한 시간 뒤에** 사용합니다.

- 春节前后 설 전후 → 특정한 날을 나타내는 명사 뒤에는 일반적으로 左右를 사용하지 않음
  Chūn Jié qiánhòu

- 五点前后 5시 전후 → 이 경우 五点左右로 바꾸어 사용 가능
  wǔ diǎn qiánhòu

- 五号前后 5일 전후 → 특정한 5일의 전후이면 사용 가능
  wǔ hào qiánhòu

- 五天前后 × → 5일 전후라는 시간의 양이므로 사용 불가

Tip

5号와 5天
자주 헷갈리는 표현으로, 모두 5일이라고 번역하지만 의미는 다릅니다.
5号는 5일이라는 날짜 자체를 말하고 5天은 5일간이라는 기간을 나타냅니다.

❽ 서수 - 차례를 나타낼 때

1. 일반적으로 앞에 第를 붙여 표현

- 第一天 첫째 날
  dì yī tiān

- 第二天 둘째 날
  dì èr tiān

- 第一名 일등
  dì yī míng

2. 날짜, 년도, 급수 등은 그대로 사용 가능

- 11 十一号
  shíyī hào

- 12일 十二号
  shí'èr hào

- 1월 一月
  yī yuè

- 2월 二月
  èr yuè

- 1974년 一九七四年
  yī jiǔ qī sì nián

- 2006년 二零零六年
  èr líng líng liù nián

- 1급 一级
  yī jí

- 2급 二级
  èr jí

> **Tip**
>
> 연도, 전화번호는 숫자를 하나하나 읽으세요.
>
> - 2002年 → 二零零二年 èr líng líng èr nián
> - 710 - 1732 → 七一零 - 一七三二 qī yī(yāo) líng - yī(yāo) qī sān èr
>
> 전화번호 사이의 '-'은 말하지 않고 숫자만 연결해서 말합니다. '-'의 표현이 필요한 곳이라면 杠 gàng이라고 말하면 됩니다.

❾ 연산 관련 표현

1. 덧셈

- 2 + 3 = 5 二加三等于五
  èr jiā sān děngyú wǔ

- 15 + 7 = 22 十五加七等于二十二
  shíwǔ jiā qī děngyú èrshí'èr

2. 뺄셈

- 3 - 2 = 1 三减二等于一
  sān jiǎn èr děngyú yī

- 38 - 11 = 27 三十八减十一等于二十七
  sānshíbā jiǎn shíyī děngyú èrshíqī

3. 곱셈

- 3 × 2 = 6 三乘二等于六
  sān chéng èr děngyú liù

- 9 × 6 = 54 九乘六等于五十四
  jiǔ chéng liù děngyú wǔshísì

4. 나눗셈

- 4 ÷ 2 = 2 四除以二等于二
  sì chúyǐ èr děngyú èr

- 16 ÷ 4 = 4 十六除以四等于四
  shíliù chúyǐ sì děngyú sì

5. 구구단

- 2 × 1 = 2 二一得二
  èr yī dé èr

- 2 × 2 = 4 二二得四
  èr èr dé sì

- 2 × 3 = 6 二三得六
  èr sān dé liù

답이 2자리일 때는 박자를 맞추기 위해 **得** dé를 생략합니다.

- 4 × 6 = 24 四六二十四
  sì liù èr shí sì

Tip

숫자를 이용한 관용 표현	
五花八门 wǔhuā bāmén 천태만상	十全十美 shíquán shíměi 완벽하다
百发百中 bǎifā bǎizhòng 백발백중	一诺千金 yínuò qiānjīn 약속한 말은 반드시 지키다
七上八下 qīshàng bāxià 두근거리다	八九不离十 bājiǔ bùlí shí 십중팔구
朝三暮四 zhāosān mùsì 조삼모사, 변덕스럽다	
四面楚歌 sìmiàn chǔgē 사면초가, 포위된 상황	
九牛一毛 jiǔniú yìmáo 매우 많은 것 중 아주 작은 부분	
不管三七二十一 bùguǎn sānqī èrshíyī 이유불문하고, 앞뒤를 가리지 않고	

✳ 연습은 실전같이!

→ 정답 및 해설 194p

문제 1 다음 문장에서 틀린 곳을 찾아 바르게 고치세요.

(1) 4060 = 四千零六

　　→ _____

(2) 222 = 两百两十两

　　→ _____

(3) 人口出生率却减少了一倍。

　　→ _____

(4) 三十五来个

　　→ _____

문제 2 A, B, C, D 중 주어진 단어가 들어갈 적당한 위치를 고르세요.

(1) 他买 Ⓐ 了 Ⓑ 三十 Ⓒ 个 Ⓓ 苹果。　　多

문제 3 괄호 속에 들어갈 알맞은 글자를 쓰세요.

(1) 0.2 → 零（　　　　　）二

(2) 5⅓ → 五（　　　　　）三分之一

(3) 2026年 → 二（　　　　　）年

(4) 4 ÷ 2 = 2 → 四（　　　　　）二（　　　　　）二

UNIT
07

양사를
이용하는 문장

 양사量词 liàngcí**란?**

사물의 개수를 세거나 동작의 횟수, 지속된 시간 등을 나타내는 말입니다.

크게 명량사, 수량사, 시량사로 구분할 수 있습니다.

→ 첫걸음 Unit 07/16/19 | 두걸음 Unit 11

① 양사의 종류

❶ 명량사

명사의 개수를 세는 양사를 말합니다.

- 一张照片 사진 한 장
  yì zhāng zhàopiàn

- 三个人 세 사람
  sān ge rén

1. 자주 사용되는 양사

양사	뜻	쓰임	양사	뜻	쓰임
个	개 / 사람 / 명	一个人 四个朋友	句	속담 / 문장 / 말	一句话
位	분	你们两位先生 一位大夫	节	교시 / 마디	第一节课
口	사람 / 식구	三口人	届	회 / 대회	第五届奥运会
件	벌, 건	这件事 五件衣服	块	괴 / 덩어리	一块石头 一块手表
只	마리 / 짝	两只老虎 两只手	首	수	这首歌儿 一首诗
支	자루	一支铅笔	辆	대	一辆自行车
本	권	四本书 一本词典	台	대	一台彩电 一台电话
把	자루, 개	一把椅子	枚	메달	六枚金牌
条	줄기	一条河 一条裤子	听	캔	两听可乐

- 给我一条裤子吧! 내게 바지 한 벌 줘요!
  Gěi wǒ yì tiáo kùzi ba!

- 这朵花多么漂亮! 이 꽃은 얼마나 아름다운가!
  Zhè duǒ huā duōme piàoliang!

- 这次奥运会韩国取得了10枚金牌。 이번 올림픽에서 한국은 10개의 금메달을 땄다.
  Zhè cì Àoyùnhuì Hánguó qǔdé le shí méi jīnpái.

2. 집합을 나타내는 양사

양사	뜻	쓰임	양사	뜻	쓰임
双	쌍 (모양과 성질이 동일)	一双袜子	批	무리 (사람들의 무리)	一批学生
对	쌍 (성별을 구별할 수 있는 것)	一对夫妻	打	타스 (12개)	一打铅笔
副	쌍 (위치적으로 떨어짐)	一副耳环 一副对联	套	세트 (여러 가지의 묶음)	一套邮票

- 他买了一套邮票。 그는 우표 한 세트를 샀다.
  Tā mǎi le yí tào yóupiào.

- 这双袜子很适合我。 이 (한 켤레의) 양말은 나에게 잘 맞는다.
  Zhè shuāng wàzi hěn shìhé wǒ.

- 那对夫妻好像外国人。 그 부부는 마치 외국인 같다.
  Nà duì fūqī hǎoxiàng wàiguórén.

3. 명량사의 중첩

중첩된 명량사는 '모두', '매번'이라는 의미를 가지며, 예외가 없음을 나타냅니다. 단, 중첩된 명량사는 목적어로는 쓰일 수 없습니다. 두 번째 양사는 경성으로 발음합니다.

- 张张都是在北京拍的照片。 한 장 한 장 모두 베이징에서 찍은 사진입니다.
  Zhāng zhang dōu shì zài Běijīng pāi de zhàopiàn.

❷ 동량사

동작의 횟수를 나타내는 말로 동사 뒤에 씁니다. 동량사가 보어로 쓰일 때 동량보어라고 합니다.

1. 자주 사용하는 동량사

동량사	의미
遍 biàn	차례, 번 (처음부터 끝까지 전 과정이 줄기차게 이어짐을 나타냄)
次 cì	차례, 번 (반복해서 나타나는 동작의 횟수를 나타냄)
趟 tàng	차례, 번 (왕래의 횟수를 나타냄)
回 huí	차례, 번 (次와 거의 의미가 같음)
下 xià	번, 회 (구체적인 동작의 횟수나 어떤 동작을 시도해 봄을 나타냄)
顿 dùn	끼니, 바탕 (식사 혹은 질책 등의 횟수를 나타냄)

- 那部电影我看了两遍。 그 영화를 나는 두 번 보았습니다.
  Nà bù diànyǐng wǒ kàn le liǎng biàn.

- 我去过中国三次。 나는 중국에 세 번 가봤다.
  Wǒ qùguo Zhōngguó sān cì.

- 我给大家介绍一下儿。 제가 여러분께 소개 한 번 하죠.
  Wǒ gěi dàjiā jièshao yíxiàr.

2. 목적어를 수반할 때 동량사의 위치

  ① 일반적인 위치

  동사 + 동량사 + 목적어

- 我读过两遍第三课的课文。 나는 제3과 본문을 두 번이나 읽었다.
  Wǒ dúguo liǎng biàn dì sān kè de kèwén.

- 总经理提了几次这件事儿。 사장님은 이 일을 몇 번이나 언급하셨어.
  Zǒngjīnglǐ tí le jǐ cì zhè jiàn shìr.

- 他答应过三次替我问他们好。
  Tā dāying guo sān cì tì wǒ wèn tāmen hǎo.
  그는 나를 대신해 그들에게 안부를 전하겠다고 세 번이나 승낙했다.

  ② 목적어가 대사일 경우의 위치

  동사 + 목적어(대사) + 동량사

- 我去过那里四次。 나는 거기에 네 번 가봤어.
  Wǒ qùguo nàli sì cì.

- 我问过他三次。 나는 그에게 세 번이나 물어봤어.
  Wǒ wènguo tā sān cì.

- 他来过这儿许多次。 그는 이곳에 여러 차례 와봤다.
  Tā láiguo zhèr xǔduō cì.

  ③ 목적어가 고유명사일 경우 동량사의 위치는 자유롭습니다.

- 他去过黄山一次。 그는 황산에 한 번 가보았다.
  Tā qùguo Huáng Shān yí cì.
    = 他去过一次黄山。

- 他来过首尔三次。 그는 서울에 세 번 와봤다.
  Tā láiguo Shǒu'ěr sān cì.
    = 他来过三次首尔。

- **王老师推荐了王明三次。** 왕 선생님은 왕밍을 세 번이나 추천하셨다.
  Wáng lǎoshī tuījiàn le Wáng Míng sān cì.
  = **王老师推荐了三次王明。**

3. 동량사의 중첩

   중첩된 동량사는 문맥에 따라 뜻이 약간씩 달라집니다.

   - **他次次都骑自行车来。** 그는 매번 자전거를 타고 와.
     Tā cìcì dōu qí zìxíngchē lái.

   - **天气突变，刮起了阵阵狂风。** 날씨가 돌연 변하더니, 이따금 광풍이 불었다.
     Tiānqì tūbiàn, guā qǐ le zhènzhèn kuángfēng.

❸ 시량사

시간의 지속을 나타내는 양사를 말합니다. 시량사가 보어로 쓰일 때 시량보어라고 합니다.

1. 자주 사용하는 시량사

	시량사의 단위		뜻과 종류
년	年 nián 년		许多年 xǔduō nián 여러 해
월	(个)月 (ge) yuè (개)월		半个月 bàn ge yuè 보름
일	天 tiān 星期 xīngqī / 周 zhōu 주		半天 bàntiān 반나절, 한참 整天 zhěngtiān 종일
시	分钟 fēnzhōng 분 秒钟 miǎozhōng 초 刻钟 kèzhōng 15분 (个)小时 (ge) xiǎoshí 시간		三秒钟 sān miǎozhōng 一分钟 yì fēnzhōng
기타	一会儿 yíhuìr 잠시		

- **他休息了一个小时。** 그는 한 시간 동안 휴식을 취했다.
  Tā xiūxi le yí ge xiǎoshí.

- **他说了半天。** 그는 한참 동안 말했다.
  Tā shuō le bàntiān.

- **请你等一会儿吧。** 잠시만 기다려주세요.
  Qǐng nǐ děng yíhuìr ba.

> **Tip**
> 天, 周, 年 등은 그 자체에 양사적 성질을 가지고 있으므로 个를 붙이지 않음에 유의할 것!
> 一个年 × → 一年 ○

2. 목적어가 있을 때 시량사의 위치

① 동사 + 목적어 + 동사 + 시량사

- 李老师讲话讲了三个小时。 이 선생님은 세 시간 동안 말했다.
  Lǐ lǎoshī jiǎng huà jiǎng le sān ge xiǎoshí

- 他拍电影拍了一个月。 그는 한 달 동안 영화를 찍었다.
  Tā pāi diànyǐng pāi le yí ge yuè.

- 她打乒乓球打了一整天。 그녀는 하루 종일 탁구를 쳤다.
  Tā dǎ pīngpāngqiú dǎ le yì zhěngtiān.

② 동사 + 시량사(的) + 목적어

- 他从事了十年的新闻工作。 그는 십 년 동안 신문 업계에 종사했다.
  Tā cóngshì le shí nián de xīnwén gōngzuò.

- 他写了五个小时的信。 그는 5시간 동안 편지를 썼다.
  Tā xiě le wǔ ge xiǎoshí de xìn.

- 小赵请了五天的假。 샤오자오는 5일간의 휴가를 신청했다.
  Xiǎo Zhào qǐng le wǔ tiān de jià.

❷ 도량형 단위

❶ 길이

毫米 mm	厘米 cm	公分 cm	米 m	里 500m	公里 1000m
háomǐ	límǐ	gōngfēn	mǐ	lǐ	gōnglǐ

❷ 무게

克 g	两 50g	斤 500g	公斤 kg
kè	liǎng	jīn	gōngjīn

❸ 면적과 체적

平方米 평방미터	公升 리터
píngfāngmǐ	gōngshēng

연습은 실전같이!

→ 정답 및 해설 194p

문제 1

다음 문장에서 틀린 곳을 찾아 바르게 고치세요.

(1) 我问过三次他。

→ _____

(2) 那儿有一只词典。

→ _____

(3) 那部电影我看了两趟。

→ _____

(4) 李老师讲话三个小时讲了。

→ _____

문제 2

A, B, C, D 중 주어진 단어가 들어갈 적당한 위치를 고르세요.

(1) 他 Ⓐ 休息了 Ⓑ 一 Ⓒ 小时 Ⓓ 。　　个

(2) 她 Ⓐ 打乒乓球 Ⓑ 打 Ⓒ 了一 Ⓓ 。　　整天

문제 3

괄호 속에 들어갈 알맞은 글자를 쓰세요.

(1) 我昨天买了三（ 　　　 ）衣服。

(2) 我给大家介绍一（ 　　　 ）。

(3) 小赵（ 　　　 ）了五天的（ 　　　 ）。

UNIT
08

의문문

※ **의문문**疑问句 *yíwènjù*

의문문은 크게 다음의 6가지의 형태로 나누어집니다.

- 의문문　[기본형식 1]　평서문 + 吗?
　　　　　[기본형식 2]　A + 还是 + B?
　　　　　[기본형식 3]　서술어 + 不(没) + 서술어?
　　　　　[기본형식 4]　의문사 사용
　　　　　[기본형식 5]　多 + 형용사?
　　　　　[기본형식 6]　······ 呢?

→ 첫걸음 Unit 08 | 두걸음 Unit 06

① 의문문의 종류

중국어에서 의문문은 크게 6가지의 형태로 나누어집니다.

❶ 吗를 이용한 의문문

평서문 끝에 吗를 붙이고 문장 끝을 가볍게 올려줍니다.

평서문 + 吗?

- 你是学生。 → 你是学生吗? 너는 학생이니?
  Nǐ shì xuésheng ma?

- 你做作业了。 → 你做作业了吗? 숙제는 했니?
  Nǐ zuò zuòyè le ma?

- 骑过自行车。 → 骑过自行车吗? 자전거 타본 적 있니?
  Qíguo zìxíngchē ma?

- 他是你叔叔。 → 他是你叔叔吗? 그는 너의 삼촌이니?
  Tā shì nǐ shūshu ma?

> **Tip**
>
> 好吗, 行吗, 对吗, 可以吗 등을 사용하는 의문문은 상의나 부탁의 어감을 나타냅니다.
>
> - 我们一起去旅行，好吗? 우리 함께 여행 가요, 좋아요?
>   Wǒmen yìqǐ qù lǚxíng, hǎo ma? → 好 혹은 不行으로 대답함
> - 自行车借我用用，行吗? 자전거를 쓰려고 하는데 좀 빌려 주세요, 돼요?
>   Zìxíngchē jiè wǒ yòngyong, xíng ma? → 行 혹은 不行으로 대답함

❷ 선택의문문

A还是B 형식으로 쓰이며, **대답은 A나 B 중에서 하나를 선택**해서 합니다.

A + 还是 + B?

- A 你喜欢足球还是喜欢棒球? 너는 축구를 좋아하니 아니면 야구를 좋아하니?
  Nǐ xǐhuan zúqiú háishi xǐhuan bàngqiú?
  B 我喜欢足球。/ 我喜欢棒球。 나는 축구를 좋아해. / 나는 야구를 좋아해.
  Wǒ xǐhuan zúqiú. / Wǒ xǐhuan bàngqiú.

- A 你去好还是他去好? 네가 가는 게 좋을까 아니면 그가 가는 게 좋을까?
  Nǐ qù hǎo háishi tā qù hǎo?
  B 我去好。/ 他去好。 내가 가는 게 좋겠어. / 그가 가는 게 좋겠어.
  Wǒ qù hǎo. / Tā qù hǎo.

❸ 정반의문문

1. 일반적인 형태는 다음과 같이 **긍정과 부정을 반복**합니다. 따라서 긍정부정의문문이라 고도 합니다. 대답은 긍정이나 부정 한 부분만 선택하면 됩니다.

서술어 + 不(没) + 서술어 + **목적어**?

- A **有**没**有意见**？ 의견이 있나요?
  Yǒu méiyǒu yìjiàn?

  B **我有意见。 / 我没有意见。** 저는 의견이 있어요. / 저는 의견이 없어요.
  Wǒ yǒu yìjiàn. / Wǒ méiyǒu yìjiàn.

- A **你是**不**是律师**？ 당신은 변호사입니까?
  Nǐ shì bu shì lǜshī?

  B **我是律师。 / 我不是律师。** 저는 변호사입니다. / 저는 변호사가 아닙니다.
  Wǒ shì lǜshī. / Wǒ bú shì lǜshī.

2. 시태조사 **了, 过**를 사용할 때

동사 + **了 / 过** + 没有?

- **你去了吗?** → **你去了**没有? 너는 깄있어 안 갔었이?
  Nǐ qù le méiyǒu?

- **你用过吗?** → **你用过**没有? 너는 사용해 보았니 아니니?
  Nǐ yòngguo méiyǒu?

> **Tip**
>
> 没有는 과거 외에 현재 진행에 대해서도 부정할 수 있습니다.

3. 동사 뒤에 목적어가 있을 때

동사 + 不 + 동사 + **목적어**?

동사 + **목적어** + 不 + 동사?

- **这是**不**是地图**？ 이것은 지도입니까 아닙니까?
  Zhè shì bu shì dìtú?

- **这是地图**不**是**？ 이것은 지도입니까 아닙니까?
  Zhè shì dìtú bú shì?

4. 서술어가 이음절일 경우 긍정 부분의 두 번째 글자는 생략할 수 있습니다.

- **在这里游泳，可以不可以？** 이곳에서 수영할 수 있습니까?
  Zài zhèli yóuyǒng, kěyǐ bu kěyǐ?

  = **可不可以？**
  kě bu kěyǐ?

- **你明白不明白我的心意？** 너는 내 마음을 알겠니?
  Nǐ míngbai bu míngbai wǒ de xīnyì?

  = **明不明白？**
  míng bu míngbai?

- **我应该不应该走？** 내가 가야 하니?
  Wǒ yīnggāi bu yīnggāi zǒu?

  = **应不应该？**
  yīng bu yīnggāi?

5. 주의사항

   ① 정반의문문의 서술어 앞에는 也, 都, 很 등의 부사가 올 수 없습니다.

   - **你也同意不同意？** ✕

   - **你们都去不去医院？** ✕

   - **宋小姐很漂亮不漂亮？** ✕

   ② 정반의문문의 서술어 뒤에서는 가능합니다.

   - **您是不是也跟我们一起去旅行？** 당신은 우리와 함께 여행갈 수 있나요?
     Nín shì bu shì yě gēn wǒmen yìqǐ qù lǚxíng?

❹ 의문사를 사용하는 의문문
묻고 싶은 부분에 의문대사를 바꿔 넣으면 됩니다.

1. 무엇 **什么**

   - **这是什么？** 이건 뭐야?
     Zhè shì shénme?

   - **你叫什么名字？** 넌 이름이 뭐니?
     Nǐ jiào shénme míngzi?

2. 왜, 어떻게 为什么, 怎么

- **你为什么还没报名?** 너 왜 아직도 등록을 안 했니?
  Nǐ wèishénme hái méi bàomíng?

- **'谢谢'用韩语怎么说?** '씨에씨에'라는 말은 한국어로 어떻게 말하나요?
  'Xièxie' yòng Hányǔ zěnme shuō?

3. 언제 什么时候

- **火车什么时候出发?** 기차는 언제 출발하니?
  Huǒchē shénme shíhou chūfā?

- **世界杯足球比赛什么时候开始?** 월드컵 축구 대회는 언제 시작하니?
  Shìjièbēi Zúqiú Bǐsài shénme shíhou kāishǐ?

4. 어디서 哪儿, 哪里, 什么地方

- **你去哪儿?** 너 어디 가니?
  Nǐ qù nǎr?

- **你住(在)哪里?** 너는 어디에 사니?
  Nǐ zhù (zài) nǎli?

- **这个资料在什么地方找到的?** 이 자료는 어디에서 찾았니?
  Zhège zīliào zài shénme dìfang zhǎodào de?

5. 누가 谁

- **一班学生中成绩最好的是谁?** 1반 학생 중 성적이 가장 좋은 학생은 누구니?
  Yī bān xuésheng zhōng chéngjì zuìhǎo de shì shéi?

- **照片上谁是你妈妈?** 이 사진 중에서 누가 너의 엄마니?
  Zhàopiàn shang shéi shì nǐ māma?

6. 기타 의문사

① **哪 + 양사**: 哪는 '어느'라는 뜻으로 보통 **哪个**처럼 양사와 함께 어울려 쓰입니다.

- **你要买哪个?** 너는 어느 것을 사려고 하니?
  Nǐ yào mǎi nǎ ge?

- **哪位是美国人?** 어느 분이 미국인입니까?
  Nǎ wèi shì Měiguórén?

② 几: 几는 '몇'이라는 뜻으로 보통 10 미만의 대답이 예상될 때 쓰입니다.

- **你有几张信用卡?** 너는 몇 장의 신용카드가 있니?
  Nǐ yǒu jǐ zhāng xìnyòngkǎ?

- **他家有几口人?** 그의 집에는 몇 명의 식구가 있나요?
  Tā jiā yǒu jǐ kǒu rén?

③ 多少: 多少는 '얼마, 얼마나'라는 뜻으로 보통 10 이상의 대답이 예상될 경우에 쓰이며, 수의 크기에 큰 영향을 받지 않습니다.

- **这件衣服多少钱?** 이 옷은 얼마입니까?
  Zhè jiàn yīfu duōshao qián?

- **到底要等多少日子?** 도대체 며칠이나 기다려야 하나요?
  Dàodǐ yào děng duōshao rìzi?

❺ 多를 이용한 의문문

부사 多를 사용하여 정도나 수량을 묻는 의문문입니다.

多 + 형용사?

- **他今年有多大年纪?** 그 분은 올해 연세가 어떻게 되시나요?
  Tā jīnnián yǒu duō dà niánjì?

- **他的身高有多高?** 그의 키는 얼마나 크니?
  Tā de shēngāo yǒu duō gāo?

- **这儿到你家有多远?** 이곳에서부터 너희 집까지는 얼마나 머니?
  Zhèr dào nǐ jiā yǒu duō yuǎn?

- **称一称, 你的体重有多重?** 한번 재봐라, 네 몸무게가 얼마나 나가는지?
  Chēng yi chēng, nǐ de tǐzhòng yǒu duō zhòng?

> **Tip**
> 이 때 형용사는 보통 적극적인 의미(높다, 멀다, 무겁다 등)를 나타내는 것입니다. 그러므로 多短, 多低, 多薄 등은 사용하지 않습니다.

❻ 呢를 이용한 의문문

1. 상대방이 한 질문과 동일한 질문을 할 때 쓰입니다.

- A **您是哪国人?** 당신은 어느 나라 사람이에요?
  Nín shì nǎ guó rén?

  B **我是韩国人，您呢?** 저는 한국 사람이에요, 당신은요?
  Wǒ shì Hánguórén, nín ne?

2. 특정한 상황에서 '~는요?'라는 뜻으로 쓰인다.

- **妈妈呢?** 엄마는요?(밤늦게 귀가했는데 엄마가 보이지 않을 때)
  Māma ne?

> **Tip**
>
> 의문대사를 사용하는 의문문 + 呢
>
> 의문대사는 묻고자 하는 의문 이외에도 추궁, 의아함, 곤혹스러움 등의 의미를 지니기도 합니다.
>
> - **去哪儿找他呢?** 어디에 가서 그를 찾나요?
>   Qù nǎr zhǎo tā ne?
>
> - **她在什么地方呢?** 그녀는 어디에 있나요?
>   Tā zài shéme dìfang ne?

❼ 묻는 어투를 이용한 의문문

평서문이라도 끝부분을 올려 말하면 의문을 나타낼 수 있습니다.

- **用信用卡?** 신용카드로 계산할 거예요?
  Yòng xìnyòngkǎ?

- **你答应?** 너 그러겠다고 했어?
  Nǐ dāying?

> **Tip**
>
> **Q.** 의문사가 있을 때도 吗가 오는 경우가 있다고요?
>
> **A.** 네, 있습니다. 다만 의미상 약간의 차이가 있습니다.
>
> - **你有什么事?** 무슨 일이니?
>   Nǐ yǒu shénme shì?   → 구체적인 사건이나 원인을 물어보는 것
>
> - **你有什么事吗?** 무슨 일 있니?
>   Nǐ yǒu shénme shì ma?   → 구체적 사건이 아니라 어떤 일 자체가 생겼는지 그 여부를 물어보는 것

연습은 실전같이!

→ 정답 및 해설 195p

문제 1 다음 문장에서 틀린 곳을 찾아 바르게 고치세요.

(1) 她也学不学汉语？

→ _____

(2) 你要买不买这个MP3？

→ _____

(3) 他是不是美国人吗？

→ _____

(4) 你怎么了吗？

→ _____

문제 2 A, B, C, D 중 주어진 단어가 들어갈 적당한 위치를 고르세요.

(1) 您 Ⓐ 是 Ⓑ 不是 Ⓒ 跟我们 Ⓓ 一起去旅行？   也

(2) Ⓐ 从这儿 Ⓑ 到 Ⓒ 你家 Ⓓ 远呢？   多

문제 3 괄호 속에 들어갈 알맞은 글자를 쓰세요.

(1) A 您是哪国人？

    B 我是韩国人，您（   ）？

(2) 世界杯足球比赛（   ）时候开始？

(3) （   ）位是美国人？

조동사를
이용하는 문장

 조동사(능원동사能愿动词 néngyuán dòngcí**)란?**

조동사(능원동사)는 능력이나 가능 또는 원하는 바, 소망을 표현하는 동사를 말합니다.

· 조동사(능원동사) [기본형식] 주어 + 조동사 + 동사

→ 첫걸음 Unit 11/12/16/18 | 두걸음 Unit 02

① 조동사란?

우리말의 조동사助动词를 중국어에서는 능원동사(能愿动词- 能 : 능력이나 가능 愿 : 원하는 바, 소망을 표현하는 말)라고 합니다. 동사를 보조하는 기능을 하며 허가, 추정, 당위 등을 나타냅니다.

능원동사가 있는 문장은 다음의 형식으로 쓰입니다.

주어 + 조동사 + 동사

② 조동사의 종류

능원동사의 분류: 바람 / 당위 / 조건에 대한 판단 / 허가 / 평가 / 가능

❶ 要 yào

1. 어떤 일을 하고자 하는 **의지나 바람을 표현**합니다. 이 때 부정형은 **不要**가 아니라 **不想, 不打算**을 사용해야 합니다.

- **客人要走。** 손님이 가시려고 해.
  Kèrén yào zǒu.

- **客人不想走。** 손님이 가시고 싶어하지 않아.
  Kèrén bù xiǎng zǒu.

>
>
> 不要는 금지의 표현으로 '~하면 안 된다'라고 해석하면 됩니다.

2. **사실상 필요한 것(아직 발생하지 않은 경우에 많이 쓰임)과 필연적인 것을** 나타내며, 부정은 **不用**을 사용합니다.

- **念生词要注意声调。** 단어를 읽을 때는 성조에 주의해야 해.
  Niàn shēngcí yào zhùyì shēngdiào.

- **你要注意发音。** 너는 발음에 신경 써야겠다.
  Nǐ yào zhùyì fāyīn.

- **他不用注意发音。** 그 사람은 발음에 신경 안 써도 되겠어.
  Tā bú yòng zhùyì fāyīn.

❷ 能 néng

    1. 어떤 능력을 가지고 있거나, **객관적인 가능성**이 있음을 나타냅니다.

- **你能吃得了这么多吗?** 넌 이렇게 많이 먹을 수 있니?
  Nǐ néng chī de liǎo zhème duō ma?

- **她一分钟能打五百个字。** 그녀는 1분 동안 500자를 칠 수 있어.
  Tā yì fēnzhōng néng dǎ wǔ bǎi ge zì.

    2. **부정문과 의문문**에서는 **이치상의 허가, 조건의 허용, 허락의 의미**를 나타냅니다.

- **星期天不能借书。** 일요일에는 책을 빌릴 수가 없다.
  Xīngqītiān bù néng jiè shū.

- **天这么黑，他能来吗?** 날이 이렇게 어두운데, 그가 올 수 있을까?
  Tiān zhème hēi, tā néng lái ma?

❸ 想 xiǎng

'~를 바라다', '~하려고 하다' 등의 **심리적 욕구**를 표현합니다.

- **我想看足球赛。** 나 축구경기 보고 싶어.
  Wǒ xiǎng kàn zúqiúsài.

- **毕业以后，你想做什么?** 졸업하면 넌 뭐 하고 싶니?
  Bì yè yǐhòu, nǐ xiǎng zuò shénme?

- **我想和你一起去。** 나는 너와 함께 가고 싶어.
  Wǒ xiǎng hé nǐ yìqǐ qù.

> 想은 주로 소망(~하고 싶다)을, 要는 주로 의지(~하려고 한다)를 나타냅니다.

❹ 可以 kěyǐ

    1. 상황이 되어서 **어떤 일을 하는 것을 허용함**을 표현하며, 부정은 **不能**을 사용합니다.

- **我们可以帮助你。** 우리는 널 도울 수 있어.
  Wǒmen kěyǐ bāngzhù nǐ.

- **他们不能帮助你。** 그들은 널 도울 수 없어.
  Tāmen bù néng bāngzhù nǐ.

2. 허가를 나타냅니다. 이 때의 부정은 평서문에서는 **不可以**나 **不能**이고, 단독으로 대답할 때는 **不可以, 不行, 不成**을 씁니다.

- **教室里不能抽烟。** 교실에서 담배를 피워서는 안 돼.
  Jiàoshì li bù néng chōuyān.

- A **这儿可以打球吗?** 여기서 공놀이 해도 돼요?
  Zhèr kěyǐ dǎ qiú ma?

  B **不可以。 / 不行。 / 不成。** 안 돼요.
  Bù kěyǐ.　　　Bù xíng.　　　Bù chéng.

⑤ 会 huì

1. **학습과 훈련을 통해 할 줄 아는 능력**을 나타냅니다.

- **姐姐会游泳。** 언니는 수영할 줄 압니다.
  Jiějie huì yóuyǒng.

- **我不会说汉语。** 나는 중국어를 할 줄 몰라요.
  Wǒ bú huì shuō Hànyǔ.

2. **객관적으로 가능한 추측이나 필연**을 나타냅니다.

- **我们的理想一定会实现。** 우리의 꿈은 반드시 실현될 거야.
  Wǒmen de lǐxiǎng yídìng huì shíxiàn.

- **他绝对不会这么做!** 그는 절대로 이렇게 하지 않을 거야!
  Tā juéduì bú huì zhème zuò!

3. 어떤 일에 '**익숙하다**', '**~를 잘한다**', '**~에 뛰어나다**' 등의 의미를 나타냅니다.

- **他很会做菜。** 그는 요리를 아주 잘한다.
  Tā hěn huì zuò cài.

⑥ 打算 dǎsuan

'**~할 작정이다**'라는 의미로 **계획이나 예정**을 나타냅니다.

- **我打算回家乡搞农业。** 나는 고향으로 돌아가서 농사를 지을 생각이야.
  Wǒ dǎsuan huí jiāxiāng gǎo nóngyè.

- **我不打算跟别人商量这件事。** 난 이 일을 다른 사람들과 상의하고 싶지 않아.
  Wǒ bù dǎsuan gēn biérén shāngliang zhè jiàn shì.

❼ 应该 yīnggāi / 该 gāi

1. '(당연히) ~해야 한다'라는 의미로 **도리상의 필요**를 나타냅니다. 특히 **该는 회화체에서 많이 쓰입니다.**

- **今天的事应该今天做完。** 오늘 일은 오늘 끝내야 해.
  Jīntiān de shì yīnggāi jīntiān zuòwán.

- **时间不早了，我该走了。** 시간이 늦었네, 난 가봐야겠어.
  Shíjiān bù zǎo le, wǒ gāi zǒu le.

2. **경험을 근거로 한 추측**을 나타낼 때도 사용합니다.

- **他该不是忘记了吧？** 그는 당연히 잊지 않았겠지?
  Tā gāi bú shì wàngjì le ba?

- **他是个聪明人，应该明白我的意思。** 그는 똑똑한 사람이니까 내 뜻을 잘 알 거야.
  Tā shì ge cōngming rén, yīnggāi míngbai wǒ de yìsi.

> **Tip**
> 该가 동사로 쓰이면 '차례가 되다'의 의미를 지닙니다. '니 차례야'라고 말하고 싶을 때는 '该你了 Gāi nǐ le'라고 말하면 됩니다.

❽ 得 děi

이치상 혹은 의지에 의한 필요를 나타냅니다. **应该보다 부드러운 느낌**을 주며 회화체에서 많이 쓰입니다. 부정문은 **不用이나 无须**로 표현하며 **不得**라고 하지 않습니다.

- **我们得准备点儿礼物。** 우리가 선물을 좀 준비해야 할 거야.
  Wǒmen děi zhǔnbèi diǎnr lǐwù.

- **明天得买帽子。** 내일 모자를 사야 해.
  Míngtiān děi mǎi màozi.

- **你得想办法。** 너는 방법을 생각해야 해.
  Nǐ děi xiǎng bànfǎ.

> **Tip**
>
> **다양한 得의 쓰임**
>
> | | |
> |---|---|
> | • **得 děi**
시간이 ~만큼 걸리다 | **那得多长时间？** 시간이 얼마나 걸리니?
Nà děi duō cháng shíjiān? |
> | • **得 dé**
얻다, 득점하다 | **他得了一百分。** 그는 100점을 맞았다.
Tā dé le yì bǎi fēn. |
> | • **得 de**
서술어 뒤에 쓰여 정도를 표시 | **她长得很漂亮。** 그녀는 예쁘게 생겼다.
Tā zhǎng de hěn piàoliang. |

❾ 喜欢 xǐhuan / 爱 ài

어떤 행동을 하기를 좋아한다는 심리를 나타냅니다. 爱의 어감이 喜欢보다 좀 더 강합니다.

- **他喜欢说话。** 그는 이야기하는 것을 좋아해.
  Tā xǐhuan shuō huà.

- **我爱吃冷面。** 나는 냉면을 굉장히 좋아해.
  Wǒ ài chī lěngmiàn.

> **Tip**
>
> **조동사의 종류**
>
> | · 바람, 소원 | ~하고 싶다 | 要 | 想 | 愿意 | 肯 | 敢 |
> |---|---|---|---|---|---|---|
> | · 당위 | ~해야 한다 | 应该 | 应当 | 应 | 该 | 得 |
> | · 주관적인 조건에 대한 판단 | ~해도 좋다 | 能 | 能够 | 可以 | | |
> | · 허가 | ~해도 된다 | 能 | 可以 | 可 | 准 | 得 |
> | · 평가 | 적합하다 | 配 | 值得 | | | |
> | · 가능 | ~할 수 있다 | 可能 | 会 | 要 | 得 | 能 |

❸ 조동사의 특징

조동사 + 동사 / 형용사 / 주술구문

① **동사나 형용사, 주술구문 앞에 쓰입니다.**

- **他想去中国。** 그는 중국에 가고 싶어해.　　　　　→ 동사 앞
  Tā xiǎng qù Zhōngguó.

- **姐姐明年可能去美国。** 누나는 내년에 아마 미국에 갈 거야. → 동사 앞
  Jiějie míngnián kěnéng qù Měiguó.

- **妈妈得勇敢。** 엄마는 용감해야 해.　　　　　　　　→ 형용사 앞
  Māma děi yǒnggǎn.

- **今天应该你付钱。** 오늘은 네가 돈을 내야 해.　　　　→ 주술구문 앞
  Jīntiān yīnggāi nǐ fù qián.

② 단독으로 쓰여 서술어가 될 수 있습니다.

- A 你想回家吗? 너 집에 가고 싶어?
  Nǐ xiǎng huí jiā ma?
  B 想。 응.
  Xiǎng.

- A 谁会开车? 누가 운전할 줄 아니?
  Shéi huì kāi chē?
  B 我会。 내가 할 줄 알아.
  Wǒ huì.

③ 의미가 통하면 연결해서 쓸 수 있습니다.

- 明天我可能要去北京。 내일 나 아마 베이징에 가야 할 것 같아.
  Míngtiān wǒ kěnéng yào qù Běijīng.

- 这个时候，他可能该回家了。 지금쯤이면 그는 아마도 집에 도착했겠다.
  Zhège shíhou, tā kěnéng gāi huí jiā le.

④ 위치에 따라 문장의 의미가 달라지고 다른 느낌을 표현합니다.

- 你应该在北大学一门外语。
  Nǐ yīnggāi zài Běidà xué yì mén wàiyǔ.
  → 다른 곳이 아닌 베이징대학에서 외국어를 배워야 한다는 의미를 표현

- 你在北大应该学一门外语。
  Nǐ zài Běidà yīnggāi xué yì mén wàiyǔ.
  → 베이징대학에 있는 동안 반드시 한 가지의 외국어를 배워야 한다는 의미를 표현

조동사의 부정문과 의문문

❶ 부정부사 不

부정부사 **不**로 부정합니다.

不 + 조동사

- **我不想去。** 나는 가고 싶지 않아.
  Wǒ bù xiǎng qù.

- **他不愿意这么做。** 그는 이렇게 하는 것을 원하지 않아.
  Tā bú yuànyi zhème zuò.

- **我弟弟不会做饭。** 내 남동생은 밥을 할 줄 모른다.
  Wǒ dìdi bú huì zuò fàn.

❷ 정반의문문

긍정형식과 부정형식을 나란히 쓰면 의문문이 됩니다. **吗**를 사용한 의문문도 가능합니다.

- **吗**를 사용한 의문문 : 조동사가 있는 평서문 + **吗?**
- 조동사를 중복하는 의문문 : 조동사 + **不** + 조동사

- **你想买手机吗?** 너 휴대전화 사고 싶니?
  Nǐ xiǎng mǎi shǒujī ma?

- **他今天能不能上班?** 그 사람 오늘 출근할 수 있나요?
  Tā jīntiān néng bu néng shàng bān?

- **他会不会担心?** 그 사람 걱정할까 안 할까?
  Tā huì bu huì dānxīn?

> **Tip**
>
> 조동사가 쓰인 문장을 정반의문문으로 만들려면 조동사를 중복해야지 문장의 동사나 형용사를 중복해서는 안 됩니다. 그러나 예외적인 경우, 즉 일부 문장의 경우 조동사가 있는데도 동사를 중복하는 경우가 있습니다.
>
> - **你爱去不去。** 네가 가든지 말든지.
>   Nǐ ài qù bu qù.
>
> 이런 경우에는 갈지 안 갈지를 물어본다기보다는 상대방의 태도가 맘에 들지 않아 '가기 싫으면 관두어라' 정도의 어감을 지닙니다.

연습은 **실전같이!**

→ 정답 및 해설 195p

문제 1

다음 문장에서 틀린 곳을 찾아 바르게 고치세요.

(1) 他不要明天去, 要今天去。

→ _____

(2) 我想非常吃北京烤鸭。

→ _____

(3) 你想买不买手机?

→ _____

(4) 他没愿意这么做。

→ _____

문제 2

A, B, C, D 중 주어진 단어가 들어갈 적당한 위치를 고르세요.

(1) Ⓐ 你 Ⓑ 嫁给我吗? 我 Ⓒ 保证会让你 Ⓓ 一辈子都幸福。　 愿意

(2) 在国外 Ⓐ 生活真的是 Ⓑ 太困难了, 他们 Ⓒ 都 Ⓓ 早点回国。　 想

(3) Ⓐ 我弟弟 Ⓑ 会 Ⓒ 做 Ⓓ 饭。　 不

문제 3

괄호 속에 들어갈 알맞은 글자를 쓰세요.

(1) 她一分钟 (　　　　) 打五百个字。

(2) 他 (　　　　) 用注意发音。

UNIT
10

시제를
나타내는 문장

과거, 현재, 미래나 동작의 발생, 진행, 지속, 완성 또는 경험 등을 표현하기 위해 동태조사, 부사, 조동사 그리고 어기조사 등의 도움을 받아야 하는 문장을 말합니다.

❶ 동작의 진행   기본형식 正 / 正在 / 在+동사+呢

❷ 동작의 상태나 지속 기본형식 동사+着

❸ 동작의 완성   기본형식 동사+了 [+ 목적어+수량사 / 기타성분]

→ 첫걸음 Unit 13/16/18 ｜ 두걸음 Unit 04/12

❶ 과거, 현재, 미래의 표현

중국어는 동사의 시제 변화를 나타낼 때, 글자 자체가 변하는 것이 아니라 **시간을 나타내는 말을 사용**하여 나타냅니다. 그러므로 **중국어에서 시제는 문맥을 통해 판단**해야 합니다.

❶ 현재

동사만 홀로 쓰이면 일반적으로 현재의 모습을 나타냅니다.

- 我去。 나는 간다.
  Wǒ qù.

- 他来。 그는 온다.
  Tā lái.

- 我看电视。 나는 텔레비전을 본다.
  Wǒ kàn diànshì.

❷ 과거

과거를 나타내는 단어나 **완료, 경험을 나타내는 단어**를 붙여 표시합니다.

- 我昨天去了。 나는 어제 갔다.
  Wǒ zuótiān qù le.

- 他前天来了。 그는 그저께 왔다.
  Tā qiántiān lái le.

- 我昨天看电视了。 나는 어제 텔레비전을 보았다.
  Wǒ zuótiān kàn diànshì le.

❸ 미래

미래를 표시하는 단어를 붙여 표시합니다.

- 他后天来。 그는 모레 올 것이다.
  Tā hòutiān lái.

- 我明天去。 나는 내일 갈 것이다.
  Wǒ míngtiān qù.

- 我明天看电视。 나는 내일 텔레비전을 볼 것이다.
  Wǒ míngtiān kàn diànshì.

大前天	前天	昨天	今天	明天	后天	大后天
그그제	그제	어제	오늘	내일	모레	글피

❷ 동사의 태

하나의 동사가 발생, 진행, 지속, 완성 또는 과거의 경험 등 다양한 단계를 표현할 수 있는데 이런 단계를 동태조사, 부사, 조동사 그리고 어기조사 등을 이용해 표현합니다. 이것이 바로 동사의 태태입니다.

❶ 동작의 진행

正 / 正在 / 在 + 동사 + 呢

1. 동사 앞에 正, 正在, 在를 쓰거나 **문장의 끝에 어기조사 呢**를 사용합니다. 正, 正在, 在와 呢를 함께 사용하기도 합니다.

- 李老师正在给同学们上课(呢)。 리 선생님은 학생들에게 수업을 하고 계신다.
  Lǐ lǎoshī zhèngzài gěi tóngxuémen shàng kè (ne).

- 他们正打篮球(呢)。 그들은 농구를 하고 있다.
  Tāmen zhèng dǎ lánqiú (ne).

- 弟弟在做练习(呢)。 남동생은 연습을 하는 중이다.
  Dìdi zài zuò liànxí (ne).

- 他吃饭呢。 그는 밥을 먹고 있다.
  Tā chī fàn ne.

> **Tip**
>
> 正은 '바로 ~하고 있다'라는 점에, 在는 '그 상태에 있다'라는 점에 주안점이 있고 正在는 그 양쪽을 모두 포함한다.

2. 부정은 没(有)로 한다.

- A 你在看小说吗? 너 소설 보고 있니?
  Nǐ zài kàn xiǎoshuō ma?

- B 没(有)看小说,看漫画呢。 소설 보는 게 아니라, 만화 보고 있어.
  Méi(yǒu) kàn xiǎoshuō, kàn mànhuà ne.

> **Tip**
>
> **동사 在와 개사 在**
>
> 在는 동작의 진행 표현 이외에도 존재의 표시나 장소를 표현하기도 합니다.
>
> | | | |
> |---|---|---|
> | 존재 | • 妈妈在吗? 어머니 계시니?
　Māma zài ma? | → 동사 在 |
> | 장소 | • 弟弟在食堂吃饭。 남동생은 식당에서 밥 먹어.
　Dìdi zài shítáng chī fàn. | → 개사 在 |

❷ 동작이 곧 발생함

要 + 동작 + 了
快要 + 동작 + 了
就要 + 동작 + 了

- 要下雨了。 곧 비가 올 거야.
  Yào xià yǔ le.

- 天气快要冷了。 날씨가 조만간 추워지겠네.
  Tiānqì kuàiyào lěng le.

- 冬天就要到了。 곧 겨울이야.
  Dōngtiān jiùyào dào le.

> **Tip**
>
> 就要……了 앞에는 시간명사로 이루어진 부사어를 쓸 수 있지만, 快要……了 앞에는 쓸 수 없습니다.

❸ 동작의 상태나 지속

동사 + 着

1. 동사 뒤에 **着**를 사용해 **동작의 상태나 지속**을 나타냅니다.

- 收音机开着呢。 라디오가 켜져 있다.
  Shōuyīnjī kāizhe ne.

- 他手里拿着一瓶可乐。 그는 손에 콜라 한 병을 들고 있다.
  Tā shǒuli názhe yì píng kělè.

- 她家的墙上挂着一张照片。 그녀의 집 벽에는 사진 한 장이 걸려 있다.
  Tā jiā de qiángshang guàzhe yì zhāng zhàopiàn.

2. 진행 중인 동작은 지속을 표현하기도 하므로 지속을 표현할 때에 **동태조사 着는 동작의 진행을 표현하는 正(在)와 함께** 쓰입니다. 그러나 **了**는 함께 쓰일 수 없습니다.

- 妈妈(正在)做着菜。 엄마는 요리하고 계신다.
  Māma (zhèngzài) zuòzhe cài.

- 小王(正在)打着电话。 샤오왕이 전화하고 있다.
  Xiǎo Wáng (zhèngzài) dǎzhe diànhuà.

- 外边正下着雨呢。 밖에 비가 내리고 있다.
  Wàibiān zhèng xiàzhe yǔ ne.

❹ 동작의 완성

동사 + 了 [+ 목적어 + 수량사 / 기타성분]

- 他喝了一杯酒。 그는 술 한 잔을 마셨다.
  Tā hē le yì bēi jiǔ.

- 他写了一封信。 그는 편지 한 통을 썼다.
  Tā xiě le yì fēng xìn.

- 爸爸钓了三条鱼。 아빠는 세 마리의 물고기를 낚으셨다.
  Bàba diào le sān tiáo yú.

여기서 주의할 것은 **동사 뒤에 了**가 붙는다고 해서 반드시 과거의 일만을 의미하는 것은 아니며 **과거, 현재, 미래와 상관없이 동작의 완성 또는 실현 여부를 표시한다**는 것입니다. 아래의 두 문장은 了가 쓰였지만 모두 가까운 미래를 표현하는 문장입니다.

- 明天我们吃了早饭就出发。 내일 우리는 아침밥을 먹고 출발할 것이다.
  Míngtiān wǒmen chī le zǎofàn jiù chūfā.

- 后天你做了功课才能和他玩。 모레 너는 과제를 마쳐야만 그와 놀 수 있다.
  Hòutiān nǐ zuò le gōngkè cái néng hé tā wán.

Tip

1. **동사 뒤에 동태조사 了를 사용해 동작의 실현이나 완성을 표현**할 수 있습니다. 만약에 동사가 목적어를 취할 때는 **목적어 앞에 수량사나 기타 성분**을 써야 합니다.

- 上星期日，我朋友从德国来了。 지난주 일요일, 내 친구가 독일에서 왔어.
  Shàng xīngqīrì, wǒ péngyou cóng Déguó lái le.

- 昨天我看了一部电影。 어제 나는 영화 한 편을 봤어.
  Zuótiān wǒ kàn le yí bù diànyǐng.

2. 목적어에 수량사가 쓰일 경우, 동태조사 了만 쓰면 동작이 이미 끝났음을 표시하고 동태조사 了와 어기조사 了가 함께 쓰이면 동작이 여전히 진행되고 있거나 계속 진행될 수 있음을 나타냅니다.

- 昨天，我翻译了十个句子。　어제 나는 열 개의 문장을 번역했어.
  Zuótiān, wǒ fānyì le shí ge jùzi.

- 我翻译了十个句子了，现在要翻译剩下的。
  Wǒ fānyì le shí ge jùzi le, xiànzài yào fānyì shèngxià de.
  나는 열 개의 문장을 번역했고, 나머지는 지금 할 거야.

3. 만약 간단한 목적어를 가진 문장에서 **동태조사 了만 사용**하고, 어기조사 了를 사용하지 않으면 문장이 미완성된 느낌을 줍니다. 이 때는 **목적어 뒤에 기타성분**을 더하거나 **동사 앞에 비교적 복잡한 부사어를 사용**하면 완전한 문장으로 만들 수 있습니다.

- 我已经给他打了电话。　나는 이미 그에게 전화를 했어.
  Wǒ yǐjīng gěi tā dǎ le diànhuà.

- 爸爸已经给我买了电脑。　아빠는 이미 나에게 컴퓨터를 사 주셨어.
  Bàba yǐjīng gěi wǒ mǎi le diànnǎo.

'동사 + 了 + 목적어'로 끝나면 문장이 더 이어져야 할 것 같은 느낌을 주게 되고, 앞에 부사어(已经, 昨天 등)가 없다면 문장 끝에 어기조사 了를 써야 합니다.

> **Tip**
>
> 완료나 실현의 의미를 강조하기 위한 것이 아니라면 동태조사 了는 생략하고 어기조사 了만 쓰는 것이 좋습니다.

了는 완결을 나타내거나 **동사 뒤에서 得, 不와 함께 사용되어 가능이나 불가능**을 나타냅니다. 이때 了는 liǎo로 읽어야 합니다.

- 没完没了。　끝이 없다.
  Méi wán méi liǎo.

- 做得了。　할 수 있다.
  Zuò de liǎo.

- 来得了。　올 수 있다.
  Lái de liǎo.

常常, 每天, 经常 등 습관적이고 일상적인 것에는 了를 함께 쓰지 않습니다.

문장을 끝내는 3가지 방법	① 동사 + (了) + 수식 없는 목적어 + 了
	② 동사 + 了 + 수량사 등 포함한 목적어
	③ 동사 + 了 + 수식 없는 목적어, ……

4. 부정은 동사 앞에 没(有)를 사용합니다. 단 아직 동작이 이루어지지 않은 상태이므로 문장 끝에는 了를 사용할 수 없습니다.

- 你们没学汉语怎么能看中文书?
  Nǐmen méi xué Hànyǔ zěnme néng kàn Zhōngwén shū?
  너희들은 중국어를 안 배우고 어떻게 중국어 책을 볼 수 있겠니?

⑤ 과거의 경험

1. 과거에 어떤 동작이 발생한 적이 있음을 나타낼 때, 동사 뒤에 동태조사 过를 사용합니다.

동사 + 过

- 我去过北京。 나는 베이징에 가본 적이 있어.
  Wǒ qùguo Běijīng.

- 妈妈学过汉语。 엄마는 중국어를 배운 적이 있으셔.
  Māma xuéguo Hànyǔ.

- 我翻译过这篇文章。 나는 이 문장을 번역해 본 적이 있다.
  Wǒ fānyì guo zhè piān wénzhāng.

2. 부정문은 동사 뒤에 동태조사 过는 그대로 두고 동사 앞에 没(有)를 붙입니다.

没(有) + 동사 + 过

- 到中国以后，我们还没(有)去过上海。
  Dào Zhōngguó yǐhòu, wǒmen hái méi(yǒu) qùguo Shànghǎi.
  중국에 온 후로 우리는 상하이에 가본 적이 없어.

- 他们没参观过那个工厂。 그들은 그 공장을 참관한 적이 없어.
  Tāmen méi cānguān guo nà ge gōngchǎng.

⑥ 과거 동작의 강조

과거 동작의 시간, 장소, 방식 등을 강조할 때 是……的 구문을 사용합니다. 是와 的 사이에 강조하고자 하는 말을 넣으며, 이 때 是는 생략이 가능합니다.

> **是 + 강조할 내용 + 的**

- 他昨天(是)坐飞机来的。 그는 어제 비행기를 타고 왔다.
  Tā zuótiān (shì) zuò fēijī lái de.

- 我昨天是十一点睡的觉。 나는 어제 11시에 잤다.
  Wǒ zuótiān shì shíyī diǎn shuì de jiào.

> **Tip**
>
> 睡觉는 이합사(동사 + 목적어)이므로 동사인 睡 뒤에 的를 넣으면 더욱더 구어체적인 표현이 됩니다.

일반적으로 是……的 사이에는 '동사 + 목적어'가 오는데 **목적어가 일반명사일 경우에 的는 목적어 앞에** 씁니다.

- 他是在卫生间里找到的钥匙。 그는 화장실에서 열쇠를 찾았다.
  Tā shì zài wèishēngjiān li zhǎodào de yàoshi.

이외에도 是……的 구문을 이용해 **말하는 사람의 주관** 등을 나타내기도 합니다.

- 她(是)不会来的。 그녀는 아마 오지 않을 거야.
  Tā (shì) bú huì lái de.

> **Tip**
>
> **과거를 표시하는 的와 了의 차이점**
>
> - 你怎么去天安门的?
>   Nǐ zěnme qù Tiān'ānmén de?
>   너는 어떤 방법으로 천안문에 갔니?
>   → 천안문에 어떤 교통수단으로 갔는지를 물음
>
> - 你怎么去天安门了?
>   Nǐ zěnme qù Tiān'ānmén le?
>   너는 왜 천안문에 갔어?
>   → 천안문에 왜 갔는지 원인을 물음

연습은 **실전같이!**

→ 정답 및 해설 196p

문제 1

다음 문장에서 틀린 곳을 찾아 바르게 고치세요.

(1) 我是跟他一起来了。

→ _____

(2) 她给我买一条领带了。

→ _____

(3) 她给朋友正在写着信呢。

→ _____

(4) 小时候，我常常去滑雪了。

→ _____

(5) 她不带着表。

→ _____

문제 2

A, B, C, D 중 주어진 단어가 들어갈 적당한 위치를 고르세요.

(1) 姐姐 Ⓐ 买 Ⓑ 一双 Ⓒ 新鞋 Ⓓ 。　　了

(2) 她 Ⓐ 从来 Ⓑ 去 Ⓒ 过中国 Ⓓ 。　　没

문제 3

괄호 속에 들어갈 알맞은 글자를 쓰세요.

(1) 他们正打篮球（　　　　　）。

(2) 老师快要来（　　　　　）。

(3) 做得了 = zuò de （　　　　　）

UNIT

11

✳

부사를
이용하는 문장

✳ **부사**副词 fùcí**란?**

동사나 형용사 앞에 쓰여 시간, 정도, 빈도, 장소, 상태, 범위, 부정 등을 나타내는 말입니다.

・부사　[기본형식]　**부사+동사 / 형용사**

→ 첫걸음 Unit 02/20 ｜ 두걸음 Unit 03/12

① 부사의 용법

 수식 관계

부사는 일반적으로 동사나 형용사를 수식합니다.

부사 + 동사 / 형용사

> **Tip**
>
> 형용사 뒤에 地를 붙여 부사의 역할을 하게 할 수도 있습니다.
>
> • **爸爸**高高兴兴**地唱歌。** 아빠는 신나게 노래를 하신다.
>   Bàba gāogaoxìngxìng de chàng gē.
>
> 高高兴兴은 형용사지만 地가 붙어서 부사의 역할을 합니다. 이 때 地는 de라고 경성으로 읽어줍니다.

 단독 사용

부사가 대답으로 쓰일 때는 이를 수식하는 서술어와 함께 써야 하며 일부의 부사를 제외하고는 대부분 단독으로 사용할 수 없습니다.

> **Tip**
>
> 단독으로 쓸 수 있는 부사: 不, 没有, 也许, 一定, 有点儿 등

② 부사의 종류

❶ 시간을 나타내는 부사

동작이 발생하거나 상태가 지속되는 시간을 나타냅니다.

刚	才	已经	就	正在	马上	一直
gāng	cái	yǐjīng	jiù	zhèngzài	mǎshàng	yìzhí

• **爸爸**刚**回来。** 아빠는 방금 전에 돌아오셨어.
  Bàba gāng huílai.

• **我姐姐**已经**结婚了。** 우리 언니는 이미 결혼했어.
  Wǒ jiějie yǐjīng jiéhūn le.

• **对不起，请等一会儿，我**马上**来。** 미안해요, 잠시만 기다려줘요, 곧 올게요.
  Duìbuqǐ, qǐng děng yíhuìr, wǒ mǎshàng lái.

1. **才와 就**: 어감상 늦음과 빠름의 차이

   才 – 말하는 사람이 느끼기에 **시간이 늦었거나 길거나, 나이가 어리거나, 수량이 적음**을 나타냅니다.

   就 – 말하는 사람이 느끼기에 **시간이 이르거나 짧거나, 수량이 많음**을 나타냅니다.

   - 八点才上课，你怎么七点就来了？ 〈늦음〉〈이름〉
     Bā diǎn cái shàng kè, nǐ zěnme qī diǎn jiù lái le?
     8시나 되어야 수업을 하는데, 너는 7시밖에 안 됐는데 왜 벌써 왔니?

   - 我排了半天队才买到，你怎么一会儿就买到了？ 〈길다〉〈짧다〉
     Wǒ pái le bàntiān duì cái mǎidào, nǐ zěnme yíhuìr jiù mǎidào le?
     나는 한참을 줄을 서서야 겨우 샀는데, 너는 어떻게 금방 샀니?

2. **才와 都**

   才 – 말하는 사람이 느끼기에 **시간이 이르거나 짧거나, 나이가 어리거나, 수량이 적음**을 나타냅니다.

   都 – 말하는 사람이 느끼기에 **시간이 늦었거나 길거나, 나이가 많거나, 수량이 많음**을 나타내며, 보통 뒤에 **了**가 옵니다.

   - 才五点，你怎么就起床了？ 〈시간이 이름〉 겨우 5시밖에 안 됐는데 벌써 일어났어?
     Cái wǔ diǎn, nǐ zěnme jiù qǐchuáng le?

   - 都十一点了，快睡吧！ 〈시간이 늦음〉 곧 11시야, 얼른 자!
     Dōu shíyī diǎn le, kuài shuì ba!

   > **Tip**
   > 都와 已经은 시간을 나타내는 말과 함께 쓰여 시간이 지났음을 나타냅니다.

❷ 범위를 나타내는 부사

동작이 발생하거나 상태가 지속되는 **범위**를 나타냅니다.

都	一共	一起	一块儿	只
dōu	yígòng	yìqǐ	yíkuàir	zhǐ

- 我们班的学生今天都去故宫。 우리 반 학생들은 오늘 모두 고궁에 간다.
  Wǒmen bān de xuésheng jīntiān dōu qù Gùgōng.

- 一共多少钱？ 모두 얼마예요?
  Yígòng duōshao qián?

- **明天他也一起去。** 내일 그도 함께 가.
  Míngtiān tā yě yìqǐ qù.

> **Tip**
> 都는 也와 함께 쓰일 때 也都의 순서로 쓰입니다.

❸ 정도를 나타내는 부사

상태의 정도를 나타내며, 정도 부사라고 합니다.

太	很	真	更	挺	最	非常	比较
tài	hěn	zhēn	gèng	tǐng	zuì	fēicháng	bǐjiào

1. **太** 매우, 너무

   주관적인 평가의 성격을 지니고 있으며 **정도가 지나침**을 나타냅니다. **감탄에 많이 사용**되며 일반적으로 **문장 끝에 了를 동반**합니다.

- **老师说得太有意思了。** 선생님 말씀은 너무 재미있다.
  Lǎoshī shuō de tài yǒuyìsi le.

- **他的妹妹太可爱了。** 그의 여동생은 너무 귀여워.
  Tā de mèimei tài kě'ài le.

- **车开得太快了，太危险了。** 차를 너무 빨리 모네, 너무 위험해.
  Chē kāi de tài kuài le, tài wēixiǎn le.

2. **很** 아주

   정도가 심함을 나타내는데 **太나 真보다 더 객관적**이며, 부정적 어감을 주는 말과는 잘 호응하지 않습니다. 또 太는 문장 끝에 주로 了를 사용하지만 很은 사용하지 않습니다.

- **他们的生活很幸福。** 그들은 아주 행복하게 생활해.
  Tāmen de shēnghuó hěn xìngfú.

- **孩子们玩得很开心。** 아이들은 무척 즐겁게 놀고 있어.
  Háizimen wán de hěn kāixīn.

> **Tip**
> 중국어에서 형용사는 혼자 쓰이는 경우가 매우 드물며, 보통 앞에 很을 붙이는데 이 때 很은 뜻이 매우 약화됩니다. 즉 我好 Wǒ hǎo라는 문장은 상당히 어색하며, 我很好 Wǒ hěn hǎo라고 해야 합니다.
> 很多 Hěn duō도 '매우 많다'라기보다는 '많다'라는 정도의 느낌이며 강조하고 싶을 땐 很에 강세를 주어 말하면 됩니다.

3. 真 정말

'실제로'라는 뜻이 있어 **긍정을 강화**시킵니다. 구조적으로 봤을 때 很과의 가장 큰 차이점은 [**真 + 형용사**] 형식은 문장에서 관형어로 쓰일 수 없다는 점입니다.

- **他的汉字写得真好看。** 그는 한자를 아주 잘 써.
  Tā de hànzì xiě de zhēn hǎokàn.
- **我跟别的留学生进行了真有意思的交流。** ✕

4. 更 더, 더욱

更의 가장 큰 특징은 **주로 비교문**에 쓰인다는 것입니다. 원래 가지고 있던 정도나 상황보다 한 단계 더 발전했음을 나타내며 변화나 발전을 표현하므로 문장 끝에 일반적으로 了를 사용합니다.

- **他比以前更懂事了。** 그는 예전보다 훨씬 더 철이 들었어.
  Tā bǐ yǐqián gèng dǒngshì le.
- **我更喜欢这个地方了。** 나는 이곳이 더 좋아졌어.
  Wǒ gèng xǐhuan zhège dìfang le.

❹ 빈도를 나타내는 부사

동작이나 상태가 발생하는 빈도를 나타냅니다.

又	再	还	也	常	常常	经常	往往
yòu	zài	hái	yě	cháng	chángcháng	jīngcháng	wǎngwǎng

1. 再와 又: 미래의 반복이나 과거행위의 반복

동작의 중복 발생이나 계속적인 진행을 나타낼 때 사용합니다. **再는 주관적**이며 주로 **미완성인 것(미래 행위)의 중복 발생에 사용**하지만, **又는 객관적**이며, 동작이 **이미 실현**되었거나(과거 행위) 중복되었음을 나타낼 때 사용합니다.

- **再写一遍** 다시 한 번 쓰다 → 중복이 유지됨
  zài xiě yí biàn
- **又写了一遍** 또 한 번 썼다 → 이미 중복된 객관적인 내용 표현
  yòu xiě le yí biàn

> **Tip**
> 再는 조동사 뒤에만 올 수 있고, 又는 조동사 앞에만 올 수 있습니다.

2. 还와 再: 동작의 반복이나 연속

还는 일반적으로 **말하기 전에 이미 어떤 바람을 가지고 있었음을 나타낼 때** 사용합니다. 즉 조건을 다 갖추었음에도 다시 그 동작을 반복함을 나타냅니다. 再는 **말하는 사람이나 듣는 사람이 이야기를 하면서 어떤 새로운 바람을 갖게 되었을 때** 사용합니다. 즉 '~하고 나서, ~한 후에'처럼 행위가 발생한 이후의 시점에 발생하는 행위를 나타내려는 경우에 쓰입니다.

- A **真对不起，明天还得让您跑一趟。**
  Zhēn duìbuqǐ, míngtiān hái děi ràng nín pǎo yí tàng.
  정말 미안해요, 내일 다시 한 번 오셔야겠어요.

  B **没关系，明天我还要来这儿办事。** → 원래 계획에 있었음
  Méi guānxi, míngtiān wǒ hái yào lái zhèr bàn shì.
  괜찮아요, 내일도 이곳에 와서 일을 봐야 하는걸요.

  B **没关系，明天我再来一趟。** → 상황을 접하고 결정함
  Méi guānxi, míngtiān wǒ zài lái yí tàng.
  괜찮아요, 내일 다시 한 번 오죠.

> **Tip**
>
> 1. 의문문에서는 주로 还를 사용합니다.
>   **昨天进了城，后天还进城吗?** 어제 시내에 다녀왔는데, 모레 또 가야 한단 말이야?
>   Zuótiān jìn le chéng, hòutiān hái jìn chéng ma?
>
> 2. 还는 이미 어떤 상황이 있었는데 이 상황에 무엇인가를 더 첨가한다는 어감도 가지고 있습니다.
>   **你还喜欢什么?** 너 또 무엇을 좋아하니?
>   Nǐ hái xǐhuan shénme?

3. 也와 又: 주어의 다름과 같음

둘 다 서로 같다는 의미를 나타내지만 **也는 서로 다른 사람의 동작이 같음**을 나타내고, **又는 본인의 이전 동작과 같음**을 나타냅니다.

- **小王病了，小李也病了。** 샤오왕이 아프니, 샤오리도 아프대.
  Xiǎo Wáng bìng le, Xiǎo Lǐ yě bìng le.

- **小王上星期感冒了，这星期怎么又病了?**
  Xiǎo Wáng shàng xīngqī gǎnmào le, zhè xīngqī zěnme yòu bìng le?
  샤오왕은 지난 주에 감기에 걸렸었는데, 어떻게 이번 주에 또 병이 났어?

> **Tip**
>
> 又는 주기적인 반복이나 모순된 상황을 표시할 수 있습니다.
> - **明天又是星期天了。** 내일이 또 일요일이구나.
>   Míngtiān yòu shì xīngqītiān le.
> - **熊猫头非常大，耳朵又这么小。** 판다의 머리는 매우 큰 데, 귀는 오히려 이렇게 작네.
>   Xióngmāo tóu fēicháng dà, ěrduo yòu zhème xiǎo.

Tip

반복 표현

· 又 yòu	반복이 이미 실현. 또 (과거의 일)
· 再 zài	반복이 아직 실현되지 않았음. 다시 (향후의 일)
· 还 hái	의문문에 사용. 그리고, 또한, 그런대로, 더욱 (반복이 실현되지 않았어도 반드시 실현될 일이나 주기적으로 반복되는 일에는 又를 쓸 수 있음)

经常과 常常

经常이 常常에 비해 발생 빈도가 더 높으며 그 동작이나 상황이 규칙성이 있거나 습관적이라는 것을 강조합니다. 常常은 일반적인 동작이나 상황이 빈번하게 발생하는 것만을 나타냅니다.

❹ 부정을 나타내는 부사

不	没(有)	别
bù	méi(yǒu)	bié

1. 不

현재와 미래, 과거 부정에 모두 사용하며, 주관적인 바람 혹은 자주 발생하거나 습관적인 것을 부정합니다.

- 我**不**吃早饭。 나는 아침을 안 먹어. → 주관적 의지 표현 [현재]
  Wǒ bù chī zǎofàn.

- 明天他**不**准备回国。 내일 그는 귀국할 생각이 없다. → 주관적인 바람 [미래]
  Míngtiān tā bù zhǔnbèi huí guó.

2. 没(有)

객관적인 진술에 주로 사용되며, **동작이나 상태의 발생이나 완성을 부정**합니다. 따라서 과거나 현재에만 사용되며 미래를 나타낼 때는 쓰일 수 없습니다.

- 我**没**吃早饭呢。 나는 아침을 못 먹었어. → 객관적인 사실 표현 [현재]
  Wǒ méi chī zǎofàn ne.

- 天还**没**亮，再睡一会儿吧。 날이 아직 안 밝았으니 좀 더 자렴. → 상태의 발생을 부정
  Tiān hái méi liàng, zài shuì yíhuìr ba.

3. 别

명령문에서만 사용하며, **不要**로 바꾸어 쓸 수도 있습니다.

- 今天太累就**别**学习了。 오늘 너무 피곤하면 공부하지 마.
  Jīntiān tài lèi jiù bié xuéxí le.

- 你先别走，我有事和你商量。 일단 가지 마, 내가 너와 상의할 것이 있어.
  Nǐ xiān bié zǒu, wǒ yǒu shì hé nǐ shāngliang.

③ 부정을 나타내는 부정사

❶ 부사 뒤에 써야 하는 부정사

일부 부사는 **부정사를 반드시 부사 뒤에** 써야 합니다. 특히 시간부사, 어기부사, 심경을 나타내는 부사 등이 그렇습니다.

부사 + <u>不 / 没</u> + 서술어

才	又	决	从来	本来	差点儿	简直	反正	几乎
cái	yòu	jué	cónglái	běnlái	chàdiǎnr	jiǎnzhí	fǎnzhèng	jīhū

- 那个怪地方，我才不去呢！ 그런 이상한 곳에, 나는 안 가!
  Nà ge guài dìfang, wǒ cái bú qù ne!
  → 我不才去呢。 ✕

- 这件事他从来没跟我说过。 그는 이 일을 나에게 말한 적이 없어.
  Zhè jiàn shì tā cónglái méi gēn wǒ shuōguo.
  → 没从来跟我说过。 ✕

▶ 불행한 일과 관련되었을 때

差点儿 = 差点儿没

差点儿이나 **几乎**가 주관적으로 발생하지 않기를 바라는 일을 표현할 때는, 동사의 긍정형식과 부정형식이 같은 의미를 지닌다.

- 这次差点儿(没)迟到。 이번에는 지각할 뻔했다.
  Zhècì chàdiǎnr (méi) chídào.

▶ 희망하는 일이었을 경우 **差点儿没, 几乎没**는 이미 실현했음을 나타내고 **差点儿, 几乎**는 실현하지 못했음을 나타냅니다.

- 他俩越吵越凶，几乎没打起来。 그들의 맞싸움은 점점 더 과격해져서 거의 싸울 뻔 했다.
  Tā liǎ yuè chǎo yuè xiōng, jīhū méi dǎ qǐlai. → 싸우지 않았음

- 他俩越吵越凶，几乎打了起来。 그들의 맞싸움은 점점 더 과격해져서 거의 싸우려고 했다.
  Tā liǎ yuè chǎo yuè xiōng, jīhū dǎ le qǐlai. → 싸우지 않았음

❷ 부사 앞에 써야 하는 부정사

일부 부사는 부정사를 반드시 부사 앞에 써야 합니다.

不 / 没 + 부사 + 서술어

马上	曾	一起	一块儿	光
mǎshàng	céng	yìqǐ	yíkuàir	guāng

- 我们还要等一会儿，不马上走。 우리는 좀 더 기다려야 해, 바로 안 가.
  Wǒmen hái yào děng yíhuìr, bù mǎshàng zǒu.
  → 马上不走。 ✕

- 我未曾见过他，却好像早认识他了。
  Wǒ wèi céng jiànguo tā, què hǎoxiàng zǎo rènshi tā le.
  나는 전에 그를 만난 적은 없지만, 예전부터 그를 알고 있는 것 같아.
  → 曾未见过他。 ✕

❸ 부정의 범위를 나타내는 부정사

부정사의 위치에 따라 부정하는 범위가 달라집니다.

都	全	太	很	一定
dōu	quán	tài	hěn	yídìng

- 전체 　他们都不喜欢棒球。 그들은 모두 야구를 좋아하지 않아.
  　　　　Tāmen dōu bù xǐhuan bàngqiú.

- 일부 　他们不都喜欢棒球。 그들 모두가 야구를 좋아하는 것은 아니야.
  　　　　Tāmen bù dōu xǐhuan bàngqiú.

- 정도가 심함 那儿交通很不方便。 그곳의 교통은 매우 편리하지 않아.
  　　　　Nàr jiāotōng hěn bù fāngbiàn.

- 정도가 약함 那儿交通不很方便。 그곳의 교통은 그다지 편리하지 않아.
  　　　　Nàr jiāotōng bù hěn fāngbiàn.

> **Tip**
>
> | • 不太好。 그다지 좋지 않다. | • 太不好。 매우 좋지 않다. |
> | --- | --- |
> | Bú tài hǎo. | Tài bù hǎo. |

연습은 **실전같이!**

→ 정답 및 해설 196p

문제 1

다음 문장에서 틀린 곳을 찾아 바르게 고치세요.

(1) 他们都身体好吗?

→ _____

(2) 上海那几天一直下了雨。

→ _____

(3) 小时候, 我常常去滑冰了。

→ _____

(4) 我们还要等一会儿，马上不走。

→ _____

문제 2

A, B, C, D 중 주어진 단어가 들어갈 적당한 위치를 고르세요.

(1) 小李 Ⓐ 已 Ⓑ 决定不 Ⓒ 找男朋友 Ⓓ 了。　 再

(2) 我觉得 Ⓐ 他 Ⓑ 会 Ⓒ 相信我 Ⓓ 的。　 一定

(3) 小王 Ⓐ 上星期 Ⓑ 感冒了，这星期 Ⓒ 怎么 Ⓓ 病了?　 又

(4) Ⓐ 我的努力没有 Ⓑ 白费，Ⓒ 考上理想的大学 Ⓓ 了。　 终于

문제 3

괄호 속에 들어갈 알맞은 글자를 쓰세요.

(1) 我今天十点半 (　　　　　) 起来。

(2) 她三岁 (　　　　　) 开始学弹钢琴。

UNIT
12

✳

전치사를
이용하는 문장

✳ **전치사란?**

개사 介词 jiècí라고도 하며 동사 앞에서 명사 · 대사 · 고유명사 등과 결합하여 방향 ·
장소 · 시간 · 원인 · 대상 등을 나타내는 말입니다.

· 전치사 [기본형식] **전치사 + 명사류**

→ 첫걸음 Unit 11/14/15 | 두걸음 Unit 01/07

① 전치사란?

개사介词라고도 하며 동사 앞에서 명사·대사·고유명사 등과 결합하여 방향·장소·시간·원인·대상 등을 나타내는 것을 말합니다.

전치사 + 명사(구)

- 장소 **他在美国长大。** 그는 미국에서 자랐다.
  Tā zài Měiguó zhǎngdà.

- 대상 **他给我帮助。** 그는 나에게 도움을 주었다.
  Tā gěi wǒ bāngzhù.

② 전치사의 종류

❶ 장소와 방향 표현

在	从	到	离	往	向	朝
zài	cóng	dào	lí	wǎng	xiàng	cháo

1. 在: '~에서', '~에'로 해석하며 **시간이나 장소** 등을 나타냅니다.

- **我弟弟在日本留学。** 내 남동생은 일본에서 유학하고 있어.
  Wǒ dìdi zài Rìběn liúxué.

- **飞机在今天晚上8点起飞。** 비행기는 오늘 밤 8시에 이륙할 것이다.
  Fēijī zài jīntiān wǎnshang bā diǎn qǐfēi.

2. 从: '~로부터'로 해석하며 **시간이나 장소의 시작점**을 나타냅니다.

- **你是从哪儿来?** 너는 어디에서 왔니?
  Nǐ shì cóng nǎr lái?

- **表演从什么时候开始?** 공연은 언제부터 시작하나요?
  Biǎoyǎn cóng shénme shíhou kāishǐ?

3. 到: '~까지'로 해석하며 **시간이나 장소의 도착점**을 나타냅니다.

- **考试到下午5点结束了。** 시험은 오후 5시가 되어서 끝났다.
  Kǎoshì dào xiàwǔ wǔ diǎn jiéshù le.

- **从这儿到那儿有多少米?** 여기서부터 거기까지 몇 미터나 될까?
  Cóng zhèr dào nàr yǒu duōshao mǐ?

4. 离: '~로부터'로 해석하며 **시간이나 장소의 시작점**을 나타내고 일반적으로 **시간이나 거리의 길이를 나타내는 서술어를 동반**합니다.

- **图书馆离这儿不太远。** 도서관은 여기에서부터 그다지 멀지 않다.
  Túshūguǎn lí zhèr bú tài yuǎn.

- **离起飞时间还剩下三个小时。** 비행기 이륙 시간까지는 아직도 세 시간이나 남았다.
  Lí qǐfēi shíjiān hái shèngxià sān ge xiǎoshí.

✱ 从과 离

从은 **출발점이나 출발 시간**을 표현하며, 离는 **공간이나 시간의 간격 격차**를 나타냅니다. 따라서 离는 近(가깝다), 远(멀다) 등과 잘 어울려 사용됩니다.

5. 往, 向, 朝: '~를 향하여'로 해석되며 세 가지 모두 방향을 나타내지만 쓰임에 있어 다소 차이가 있습니다.

- **一直往前走。** 앞으로 곧장 가세요.
  Yìzhí wǎng qián zǒu.

- **到了十字路口再向右拐。** 사거리에 도착하면 다시 오른쪽으로 도세요.
  Dào le shízìlùkǒu zài xiàng yòu guǎi.

- **我朝她眨眼睛。** 나는 그녀를 향해 윙크를 했다.
  Wǒ cháo tā zhǎ yǎnjing.

✱ 往, 向, 朝

① 往: 주로 **이동 상황**을 나타내며, **뒤에 장소나 방향을 나타내는 말**이 옵니다.

② 向: 주로 **사람의 신체동작이나 자세**를 나타내며 추상적인 상황에도 사용할 수 있습니다.

- **向未来走去。** 미래를 향해 나아가다.
  Xiàng wèilái zǒu qù.
  → 往未来走去。 ✕

- **有一个警察向我打手势。** 경찰관 한 명이 나를 향해 손짓했다.
  Yǒu yí ge jǐngchá xiàng wǒ dǎ shǒushì.

③ 朝: **정확한 방향**만 제시되고, **정적인 곳에 주로 사용**하여 단순히 '~쪽으로'라는 의미를 나타냅니다.

- **我住的公寓的窗户朝南开。** 내가 사는 아파트 창문은 남쪽으로 열려 있다.
  Wǒ zhù de gōngyù de chuānghu cháo nán kāi.

- **他走进门来，朝我点了一下头。** 그는 문을 들어서며 내게 목례를 하였다.
  Tā zǒujìn mén lái, cháo wǒ diǎn le yíxià tóu.

往　　　　　　　　　　　　　　朝

❷ 대상 표현

对	和	跟	给
duì	hé	gēn	gěi

1. 对: '~에 대하여'라고 해석하며 **동작의 대상을 이끌어** 냅니다.

- **他对我很客气。** 그는 나에게 매우 깍듯하게 행동한다.
  Tā duì wǒ hěn kèqi.

- **历史老师对韩中关系很感兴趣。** 역사 선생님은 한중관계에 대해 흥미가 많다.
  Lìshǐ lǎoshī duì Hán Zhōng guānxi hěn gǎn xìngqù.

＊ 对**와** 对于

① **동작의 대상을 나타내는** 경우 对**와** 对于**를 바꾸어** 쓸 수 있습니다.

② **동작의 방향을 나타내는** 경우 对**만 사용** 가능합니다.

- **这种事不要对别人讲。** 이 일은 다른 사람에게는 말하지 마라.
  Zhè zhǒng shì búyào duì biérén jiǎng.

③ 对于는 사람을 나타내는 명사나 대사만으로 이루어진 목적어 앞에서는 쓸 수 없습니다. 만약 쓰려면 **복잡한 수식성분을** 가져야 하며, **문장의 맨 앞에** 와야 합니다.

- **对于不尊重别人的人，他很不客气。**
  Duìyú bù zūnzhòng biérén de rén, tā hěn bú kèqi.
  다른 사람을 존중하지 않는 사람에 대해, 그는 예의를 갖추지 않습니다.

④ 对는 조동사나 부사 뒤에 쓰일 수 있으나, 对于는 쓸 수 없습니다.

- 外国留学生都对中国的文化感兴趣。
  Wàiguó liúxuéshēng dōu duì Zhōngguó de wénhuà gǎn xìngqù.
  외국 유학생들은 모두 중국문화에 흥미를 느낍니다.

2. 和: '~와', '~과'라고 해석하며 跟과 바꿔 쓸 수도 있습니다.

- 我打算和他们一起爬山。　나는 그들과 함께 등산하려고 한다.
  Wǒ dǎsuan hé tāmen yìqǐ pá shān.

- 我想和姐姐一起吃饭。　나는 누나와 함께 식사하고자 한다.
  Wǒ xiǎng hé jiějie yìqǐ chī fàn.

3. 跟: '~에게', '~를 따라서'라고 해석하며 동작의 대상을 이끌어 냅니다.

- 我想跟老师商量上大学的问题。　나는 선생님과 대학진학 문제를 상의하려 한다.
  Wǒ xiǎng gēn lǎoshī shāngliang shàng dàxué de wèntí.

- 请跟我念。　나를 따라 읽으세요.
  Qǐng gēn wǒ niàn.

4. 给: '~에게'라고 해석하며 동작의 대상을 이끌어 냅니다.

- 我正在给妈妈写信。　나는 엄마에게 편지를 쓰는 중이야.
  Wǒ zhèngzài gěi māma xiě xìn.

- 请你给我们介绍一下儿。　우리에게 소개 좀 해주세요.
  Qǐng nǐ gěi wǒmen jièshao yíxiàr.

❸ 원인 및 목적 표현

为	为了
wèi	wèile

1. 为, 为了는 '~를 위하여'라고 해석하며 목적을 나타냅니다.

- 我为了父母用功读书。　나는 부모님을 위해 열심히 공부한다.
  Wǒ wèile fùmǔ yònggōng dú shū.

2. 为了는 뒤에 오는 **단어뿐만 아니라 문장까지도 목적으로** 취할 수 있습니다.

- **为了邀请杂技团，他们尽了最大努力。**
  Wèile yāoqǐng zájìtuán, tāmen jìn le zuìdà nǔlì.
  서커스단을 초청하기 위해, 그들은 최선의 노력을 다했다.

- **为了看日出，我常常早起。** 일출을 보기 위해서, 나는 늘 일찍 일어난다.
  Wèile kàn rìchū, wǒ chángcháng zǎoqǐ.

❹ 방식 표현

用
yòng

按照
ànzhào

1. **用**: '~을 이용하여'라고 해석한다.

- **我想用电脑打字。** 나는 컴퓨터를 이용해 글자를 치고 싶다.
  Wǒ xiǎng yòng diànnǎo dǎ zì.

- **我可以用你的自行车上班吗？** 내가 너의 자전거로 출근해도 되겠니?
  Wǒ kěyǐ yòng nǐ de zìxíngchē shàng bān ma?

2. **按照**: '~에 근거하여'라고 해석한다.

- **请按照顺序排队。** 순서대로 줄을 서주세요.
  Qǐng ànzhào shùnxù pái duì.

- **不管下多大雨，毕业典礼按照预定的计划进行。**
  Bùguǎn xià duō dà yǔ, bìyè diǎnlǐ ànzhào yùdìng de jìhuà jìnxíng.
  비가 얼마나 오건, 졸업식은 예정대로 진행된다.

❺ 제외 표현

除了……以外
chúle …… yǐwài

1. **除了……以外**: '이외에도', '~을 제외하고는'이라고 해석합니다.

- **除了数学以外，别的科目都得了满分。** 수학 외에 다른 과목은 모두 100점을 받았다.
  Chúle shùxué yǐwài, biéde kēmù dōu dé le mǎnfēn.

- **除了足球以外，他还喜欢篮球和乒乓球。** 축구 외에 그는 농구와 탁구도 좋아한다.
  Chúle zúqiú yǐwài, tā hái xǐhuan lánqiú hé pīngpāngqiú.

2. 除了A以外……都 / 除了A以外……还(也)

① 除了A以外……都: A를 제외한, 나머지는 모두 다 해당한다는 뜻입니다.

- **除了铅笔以外其他学习工具他都带来了。**
  Chúle qiānbǐ yǐwài qítā xuéxí gōngjù tā dōu dàilai le.
  연필을 제외하고 그는 모든 학습도구를 가져왔다.

② 除了A以外……还(也): A를 포함하여 다른 것도 추가된다는 뜻입니다.

- **除了100m自由泳以外，韩国队在200m蝶泳中也创造了新的世界记录。**
  Chúle yì bǎi mǐ zìyóuyǒng yǐwài, Hánguó duì zài liǎng bǎi mǐ diéyǒng zhōng yě chuàngzào le
  xīn de shìjiè jìlù.
  한국팀은 자유영 100m 외에 접영 200m에서도 세계 신기록을 세웠다.

③ 동사의 역할을 겸하는 전치사

给	在
gěi	zài

❶ 给

'~에게 주다', '~에게'라는 뜻으로 해석합니다.

- **请给我一条蓝色的裤子。** 제게 파란색 바지 한 벌 주세요.
  Qǐng gěi wǒ yì tiáo lánsè de kùzi.

- 전치사 **妈妈给我打了一件毛衣。** 엄마는 나에게 스웨터를 한 벌 떠주셨다.
  Māma gěi wǒ dǎ le yí jiàn máoyī.

> **Tip**
> 다른 동사 없이 给가 혼자 쓰이면 동사입니다.

❷ 在

'~에 있다', '~에서'라는 뜻으로 해석합니다.

- **他在图书馆。** 그는 도서관에 있다.
  Tā zài túshūguǎn.

- 전치사 **他在图书馆看书。** 그는 도서관에서 책을 본다.
  Tā zài túshūguǎn kàn shū.

> **Tip**
> 다른 동사 없이 在가 혼자 쓰이면 동사입니다.

✳ 연습은 실전같이!

→ 정답 및 해설 197p

다음 문장에서 틀린 곳을 찾아 바르게 고치세요.

(1) 图书馆往这儿不太远。

→ _____

(2) 他对于我很客气。

→ _____

(3) 妈妈给打了一件毛衣。

→ _____

A, B, C, D 중 주어진 단어가 들어갈 적당한 위치를 고르세요.

(1) 他 Ⓐ 图书馆 Ⓑ 看 Ⓒ 书 Ⓓ 。   在

(2) 除了 Ⓐ 铅笔 Ⓑ 其他学习工具 Ⓒ 他都 Ⓓ 带来了。   以外

(3) 我 Ⓐ 可以 Ⓑ 你的自行车 Ⓒ 上班 Ⓓ 吗?   用

괄호 속에 들어갈 알맞은 글자를 쓰세요.

(1) 我的弟弟 （   ）日本留学。

(2) 我想 （   ）老师商量上大学的问题。

(3) （   ）足球以外, 他还喜欢篮球和乒乓球。

UNIT
13

조사를
이용하는 문장

✳ **조사**助词 *zhùcí* **란?** ────────

단어나 구의 뒤에 첨가되어 문법적 관계나 어조 · 동작 행위의 상태 · 비교 등을
나타내는 말입니다.

❶ 구조조사　　的 de, 地 de, 得 de

❷ 동태조사　　了 le, 着 zhe, 过 guo

❸ 어기조사　　了 le, 呢 ne, 的 de, 吗 ma, 吧 ba, 啊 a

→ 첫걸음 Unit 06/16/17/18 ｜ 두걸음 Unit 12

① 조사란?

단어나 구의 뒤에 첨가되어 앞부분의 문장 성분이 무엇인지를 밝혀 주거나, 동사 뒤에서 동작이 어떤 상태에 있는가를 알려 주거나 혹은 문장 끝에 쓰여 그 문장이 어떤 어감을 나타내 주는가를 알려줍니다.

② 조사의 종류

❶ 구조조사
앞부분의 **문장 성분**을 알려줍니다. (的, 地, 得)

❷ 동태조사
동작이나 상황이 어떠한 **상태**에 있는가를 나타냅니다. (了, 着, 过)

❸ 어기조사
화자의 단정, 추정, 의문, 명령 등의 **어감**을 알려줍니다. (了, 呢, 的, 吗, 吧, 啊)

③ 조사의 사용법

일반적인 조사는 단어나 구 또는 문장에 덧붙여 쓰이며, 단독으로 사용될 수 없습니다. 또한 단지 문법적인 의미만 나타낼 뿐, 실제적인 단어의 뜻을 가지지는 못하며 대부분 경성으로 읽습니다.

❶ 구조조사: 的, 地, 得 등

1. 的

① **명사를 수식하는 성분(관형어-定语)과 명사(중심어)를 연결**하며, '~의'로 번역합니다.

관형어 + 的

- **姐姐**的**朋友**听音乐。 언니의 친구는 음악을 들어.
  Jiějie de péngyou tīng yīnyuè.

- 这是**他**的**手表**。 이것은 그 사람의 시계야.
  Zhè shì tā de shǒubiǎo.

┌───┐
│ 관형어가 길 경우 배열 순서   │
│ 소유관계를 나타내는 명사나 대사 + 지시대사 + 수량구 + 수식관계를 나타내는 형용사나 명사 │
│   你   这   三 本   新 词典……   │
│   Nǐ   zhè   sān běn   xīn cídiǎn ……   │
│   너의   이   세 권의   새 사전 ~   │
└───┘

② 뜻을 이해하는 데 지장이 없을 때는 중심어를 생략할 수 있습니다.

- **我跟妹妹去买衣服了。我买了红的，妹妹买了白的。**
  Wǒ gēn mèimei qù mǎi yīfu le. Wǒ mǎi le hóng de, mèimei mǎi le bái de.
  나는 여동생과 옷을 사러 갔어. 나는 빨간색을 사고, 여동생은 흰색을 샀어.
  → 红的와 白的 뒤에 衣服가 생략되었음

- **写文章**的 작가   ・ **做买卖**的 상인
  xiě wénzhāng de   zuò mǎimài de
  → 어떠한 직업에 종사하고 있음을 나타냄

③ 명사와 명사 사이 특히 **일반적인 성질 또는 재료의 관계를 나타내는 경우**, 대명사 뒤
  에 놓이는 명사가 **가족 또는 단위일 경우**, 단음절 형용사 또는 이음절 형용사와 명사
  사이에 놓이는 경우에는 的를 쓰지 않는다.

- **中国**的**人** ✕ → **中国人** ○   중국인

- **我**的**爸爸** ✕ → **我爸爸** ○   아버지

- **好**的**朋友** ✕ → **好朋友** ○   친구

④ 단 **명사 사이에 的**가 쓰이는 경우도 있는데 이 때 **的의 앞, 뒤 단어**는 **종속관계**를 나
  타내어 '누구의 것', '어느 것' 등을 나타내며, 동사가 관형어가 될 때도 的가 쓰여 [동
  사 + 목적어]의 구조를 이루기도 한다.

- **老师**的**书** 선생님의 책   ・ **吃**的**东西** 먹은 것
  lǎoshī de shū   chī de dōngxi

2. **地**: 동사 혹은 형용사 앞에 쓰여 **부사어 역할**을 합니다.

- **他很快**地**改正了自己的错误。** 그는 자신의 잘못을 재빨리 고쳤다.
  Tā hěn kuài de gǎizhèng le zìjǐ de cuòwù.

- **学生们认真**地**学习。** 학생들이 열심히 공부한다.
  Xuéshengmen rènzhēn de xuéxí.

3. 得: 동사나 형용사 뒤에 쓰여 **정도보어를 이끕니다**.

   동사나 형용사 뒤에서 **동작이나 사물의 성질이 도달한 정도를 보충 설명하는 성분**을 정도보어라고 합니다. 이 정도보어와 중심어를 연결할 때 구조조사 得를 사용합니다.

- 她唱得很好听。 그녀의 노래는 참 듣기 좋아.
  Tā chàng de hěn hǎotīng.

- 老师说得太快。 선생님은 말씀이 너무 빠르셔.
  Lǎoshī shuō de tài kuài.

- 他们打扫得干干净净。 그들은 청소를 아주 깨끗하게 했어.
  Tāmen dǎsǎo de gānganjìngjìng.

❷ 동태조사: 了, 着, 过 등

1. 了

   ① 了는 동사 뒤에 쓰여 **동작의 완성**을 표시합니다. 한 문장에 두 개 이상의 동사가 나올 경우 **了는 맨 끝의 동사 뒤에** 와야 합니다.

   - 他出去叫了一辆车来。 그는 나가서 차 한 대를 불렀다.
     Tā chūqu jiào le yí liàng chē lái.

   - 他放下小说，打开了录音机。 그는 소설책을 내려놓고 녹음기를 켰다.
     Tā fàngxià xiǎoshuō, dǎkāi le lùyīnjī.

   - 我去图书馆借了一本书。 나는 도서관에 가서 책 한 권을 빌렸어.
     Wǒ qù túshūguǎn jiè le yì běn shū.

   ② 了는 과거에만 쓰이는 것이 아니라 동작의 완성이나 실현을 표현하는 것이므로 **미래의 어떤 시간에 완성될 동작에서도 사용이 가능**합니다.

   - 明天下了课，我去找你。 내일 수업 마치고 너를 찾아갈게.
     Míngtiān xià le kè, wǒ qù zhǎo nǐ.

   - 下星期爸爸来了，我就陪他去天安门。
     Xiàxīngqī bàba lái le, wǒ jiù péi tā qù Tiān'ānmén.
     다음 주에 아빠가 오시면 내가 모시고 천안문에 가야지.

   - 吃了晚饭我打算出去一趟。 저녁을 먹고 나서 밖에 나갈 생각이야.
     Chī le wǎnfàn wǒ dǎsuan chūqu yí tàng.

③ 了가 있는 문장을 부정할 때는 **동사 앞에 没(有)**를 쓰며, 동사 뒤에 了는 쓰지 않습니다.

- 上个月，我去了一趟北京。 지난 달에 나는 베이징에 한 번 갔었어.
  Shàng ge yuè, wǒ qù le yí tàng Běijīng.

- 上个月，我没去北京。 지난 달에 나는 베이징에 가지 않았어.
  Shàng ge yuè, wǒ méi qù Běijīng.
  → 上个月，我没去了北京。 ✕

- A 这届美术展览会很好，你看了吗? 이번 미술전람회 아주 좋더라, 너 봤어?
  Zhè jiè měishù zhǎnlǎnhuì hěn hǎo, nǐ kàn le ma?
  B 没看。 아니.
  Méi kàn.
  → 没看了。 ✕

④ 동태조사 了와 어기조사 了를 **동시에 사용**하는 문장은 **완성과 변화를 함께** 나타냅니다. 또한 **현재까지 이미 지속된 시간이나 도달한 수량을 표시**하기도 합니다.

동사 + 동태조사 了 + 수량사(+ 명사) + 어기조사 了

- A 你在这儿住了多长时间了? 너는 여기서 얼마나 살았니?
  Nǐ zài zhèr zhù le duō cháng shíjiān le?
  B 我在这儿住了三年了。 나는 여기서 3년 살았어.
  Wǒ zài zhèr zhù le sān nián le.

- A 他买了多少套邮票了? 그 사람 우표를 몇 세트나 샀어요?
  Tā mǎi le duōshao tào yóupiào le?
  B 他买了十套邮票了。 열 세트 샀어요.
  Tā mǎi le shí tào yóupiào le.

- 为了买到那本书，他已经去了三次书店了。
  Wèile mǎidào nà běn shū, tā yǐjīng qù le sān cì shūdiàn le.
  그 책을 사기 위해 그는 벌써 세 번이나 서점에 갔다.

⑤ 동태조사 了와 어기조사 了를 함께 쓰는 경우 동작은 일반적으로 계속 진행되어 가야 함을 뜻합니다.

- 我们听了三天报告了。 나는 브리핑을 3일이나 들었어.
  Wǒmen tīng le sān tiān bàogào le.   → 앞으로도 계속 들어야 함

2. 着

① 동사 뒤에 쓰여 **동작이나 상태의 지속**을 나타냅니다. 대부분 **어떤 사물이 처하거나 출현한 상태를 설명하거나 묘사**합니다.

- **你看，教室里的灯还亮着。** 좀 봐, 교실의 등이 아직 켜져 있잖아.
  Nǐ kàn, jiàoshì li de dēng hái liàngzhe.

- **我一边等着小王，一边想着心事。** 나는 샤오왕을 기다리며, 걱정거리를 떠올린다.
  Wǒ yìbiān děngzhe Xiǎo Wáng, yìbiān xiǎngzhe xīnshì.

- **别开着窗户睡觉。** 창문을 열고 잠자지 마라.
  Bié kāizhe chuānghu shuìjiào.

② **연동문의 첫 번째 동사 뒤에** 쓰여 동작자가 **두 번째 동작을 진행할 때의 상태나 방식**을 나타냅니다.

- **东浩含着眼泪拜别了老师。** 둥하오는 눈물을 머금고 선생님과 이별했다.
  Dōnghào hánzhe yǎnlèi bàibié le lǎoshī.

- **躺着看书对眼睛不好。** 누워서 책을 보면 눈에 안 좋아.
  Tǎngzhe kàn shū duì yǎnjing bù hǎo.

- **顺着大街一直走，就到了。** 큰 길을 따라 계속 가면, 바로 도착해요.
  Shùnzhe dàjiē yìzhí zǒu, jiù dào le.

③ 부정은 동사 **앞에 没(有)**를 쓰면 됩니다.

- **我没有躺着看电视。** 나는 누워서 텔레비전을 보지 않았다.
  Wǒ méiyǒu tǎngzhe kàn diànshì.

3. 过

① 동사 뒤에 쓰여 **과거에 어떤 경험이 있었음**을 나타냅니다.

- **前年他去过一次北京。** 그는 재작년에 베이징에 한 번 갔었다.
  Qiánnián tā qùguo yí cì Běijīng.

- **你打过高尔夫球没有？** 너 골프 쳐본 적 있니?
  Nǐ dǎguo gāo'ěrfūqiú méiyǒu?

② 부정은 没(有)……过를 사용합니다.

- **我没说过这种话。** 난 그런 말 한 적 없어.
  Wǒ méi shuōguo zhè zhǒng huà.

- **这屋子从来没这么干净过。** 이 방은 여태껏 이렇게 깨끗한 적이 없었어.
  Zhè wūzi cónglái méi zhème gānjìng guo.

③ 동사 뒤에 쓰여 **완성**을 나타내며, **了와 의미가 비슷**하여 了와 함께 쓰이기도 합니다.

- **我已经吃**过**饭**了**。** 나는 이미 밥을 먹었어.
  Wǒ yǐjīng chīguo fàn le.

④ 동태조사 过는 **미래에 발생할 일이나 상황도** 나타낼 수 있습니다.

- **这本书很有意思，你看**过**就知道了。** 이 책 참 재미있어, 네가 보면 알게 될 거야.
  Zhè běn shū hěn yǒuyìsi, nǐ kànguo jiù zhīdao le.

- **明天我问**过**他就给你打电话。** 내일 내가 그에게 물어보고 너한테 전화할게.
  Míngtiān wǒ wènguo tā jiù gěi nǐ dǎ diànhuà.

❸ 어기조사: 了, 呢, 的, 吗, 吧, 啊 등

1. 了

① **문장 끝**에 쓰여 **어떤 일이나 상황이 이미 발생했음**을 나타냅니다.

- **弟弟的成绩好一点儿**了**。** 남동생의 성적이 조금 좋아졌어.
  Dìdi de chéngjì hǎo yì diǎnr le.

- **我有时间**了**。** 나 시간이 생겼어.
  Wǒ yǒu shíjiān le.

② **상황이나 상태의 변화나 어기를 표시**하며 일반적으로 문장 끝에 쓰입니다.

- **下雨**了**，回屋里去吧。** 비가 오니 방으로 들어가자.
  Xià yǔ le, huí wūli qù ba.

- **苹果已经红**了**，可以吃**了**。** 사과는 벌써 빨개졌으니 먹어도 되겠다.
  Píngguǒ yǐjīng hóng le, kěyǐ chī le.

- **他三年没回家**了**。** 그는 3년간 집으로 돌아가지 않았어.
  Tā sān nián méi huíjiā le.

> **Tip**
>
> 위 경우의 没······了에서, 没는 단순히 과거의 동작을 부정한 것이고 了는 이와 상관없이 3년이라
> 는 시간이 흘렀다는 상황의 변화를 표시하기 위해 쓰인 것입니다.
> 没回了家。(집에 돌아가지 않았다.)처럼 동작 뒤에 了를 쓸 수 없습니다.

- **小红今年十六岁**了**。** 샤오홍은 올해 열여섯 살이야.
  Xiǎo Hóng jīnnián shíliù suì le.

- **我去图书馆看书**了**。** 나는 도서관에 가서 책을 봤어.
  Wǒ qù túshūguǎn kàn shū le.

③ 새로운 상황의 출현을 나타내는 어기조사 了를 부정할 때는 没나 没……呢를 사용하고, 문장 끝에 了는 쓰지 않습니다.

- A 到北京了吧? 베이징에 도착했지?
  Dào Běijīng le ba?
  B 还没到呢。 아직 도착하지 않았어.
  Hái méi dào ne.

- A 吃饭了吗? 밥 먹었니?
  Chī fàn le ma?
  B 还没吃。 아직 안 먹었어.
  Hái méi chī.

곧 출현할 상황이나 바람, 소속, 성질 등의 변화를 부정할 때는 不……了를 사용합니다.

- 身体有点儿不舒服, 不想去看电影了。 몸이 좀 안 좋아서 영화 보러 가고 싶지 않아.
  Shēntǐ yǒudiǎnr bù shūfu, bù xiǎng qù kàn diànyǐng le.

- 水不烫了, 可以喝了。 물이 식었으니 마셔도 된다.
  Shuǐ bú tàng le, kěyǐ hē le.

④ 太와 호응하여 감탄이나 과장의 어기를 나타냅니다.

- 那太好了。 그것참 잘 됐다.
  Nà tài hǎo le.

- 再见到你, 太高兴了。 너를 다시 만나서 매우 기뻐.
  Zài jiàndào nǐ, tài gāoxìng le.

⑤ 不要, 别 등과 어울려 금지의 어기를 나타냅니다.

- 多吃点儿, 不要客气了。 사양하지 마시고, 많이 드세요.
  Duō chī diǎnr, búyào kèqi le.

- 别找我了。 나를 찾지 마.
  Bié zhǎo wǒ le.

⑥ 서술어가 수량사이거나 서술어 부분에 수량사가 포함되어 있는 어기조사 了의 문장은 그 수량을 넘어선 데에 대한 근심, 불만, 조롱, 우려 등의 의미를 지닙니다.

- 都一岁半了, 还不会走路。 벌써 한 살 반인데, 아직도 걷지를 못해.
  Dōu yí suì bàn le, hái bú huì zǒu lù.

- 三十九度了, 快送医院。 39도네, 얼른 병원에 데려가.
  Sānshíjiǔ dù le, kuài sòng yīyuàn.

동태조사와 어기조사의 비교

동태조사	어기조사
A 你看了今天的晚报吗?	A 下课以后你干什么了?
Nǐ kàn le jīntiān de wǎnbào ma?	Xià kè yǐhòu nǐ gàn shénme le?
너 오늘 석간신문 봤어?	수업 끝나고 너 뭐했어?
B 我看了(今天的晚报)。	B 我看晚报了。
Wǒ kàn le (jīntiān de wǎnbào).	Wǒ kàn wǎnbào le.
(오늘 석간신문) 봤어.	석간신문 봤어.
→ 동작의 완료를 강조	→ 행동이 이미 발생했음을 표현

2. 呢

① **문장 끝에 와서 동작의 진행**을 나타내며, 이때 어기조사 呢는 단독으로 사용할 수 있고 **부사 正, 在, 正在와 같이 사용**할 수도 있습니다.

- 李老师正在讲课呢。 이 선생님은 지금 수업 중이셔.
  Lǐ lǎoshī zhèngzài jiǎngkè ne.

  = 李老师在讲课呢。/ 李老师正讲课呢。/ 李老师讲课呢。

② 의문문의 **어조를 부드럽게** 합니다.

- 为什么还没吃晚饭呢? 왜 아직도 저녁을 안 먹었어?
  Wèishénme hái méi chī wǎnfàn ne?

③ 의문대사가 묻고자 하는 의문 이외에도 **추궁·의아함·곤혹스러움** 등의 의미를 가집니다.

- 你们都不知道, 谁知道呢? 너희들 모두 모르는데, 누가 알겠니?
  Nǐmen dōu bù zhīdao, shéi zhīdao ne?

3. 的

① **문장 끝에 쓰여 의심할 여지없이 확실히 어떻다라는 확신의 어감**을 표현합니다.

- 他总有一天会明白的。 그는 언젠가 알게 될 거야.
  Tā zǒng yǒu yì tiān huì míngbai de.

- 别担心, 妈妈不会打你的。 걱정 마, 엄마는 너를 때리지 않을 거야.
  Bié dānxīn, māma bú huì dǎ nǐ de.

② 是……的: 이미 발생한 동작에 한해서 그 동작이 행해졌던 **시간·장소·목적·대상 등**을 강조하려 할 때 쓰는데, 是는 강조하려는 부분 앞에 두고 的는 문장 끝에 두면 됩니다.

- **我是坐飞机来的。** 나는 비행기 타고 왔어.
  Wǒ shì zuò fēijī lái de.

- **他不是一个人来的。** 그는 혼자 온 게 아니야.
  Tā bú shì yí ge rén lái de.

4. 吗

문장 끝에 쓰여 의문을 나타냅니다.

- **你好吗?** 잘 지내니?
  Nǐ hǎo ma?

- **他也去吗?** 그도 가니?
  Tā yě qù ma?

5. 吧

① 명령문에 첨가되어 **명령이나 건의의 어조를 부드럽게** 해줍니다.

- **咱们走吧。** 우리 가자.
  Zánmen zǒu ba.

② **추측**의 어조를 나타냅니다.

- **你认识我的朋友吧?** 너 내 친구 알지?
  Nǐ rènshi wǒ de péngyou ba?

③ **동의**를 나타냅니다.

- **好吧，就这么做。** 좋아, 이렇게 하자.
  Hǎo ba, jiù zhème zuò.

6. 啊

① **긍정이나 찬성**을 표시합니다.

- **对啊，我是韩国人。** 맞아요, 저 한국 사람이에요.
  Duì a, wǒ shì Hánguórén.

② **감탄문의 끝에** 와서 **긍정을** 표시합니다.

- **多可怜啊!** 가엾어라!
  Duō kělián a!

③ **반어문에** 쓰여 **반문의 느낌을 강조**합니다.

- **哪有这样的做法啊?** 이런 방법이 어디에 있니? (= 이런 방법은 있을 수 없다.)
  Nǎ yǒu zhèyàng de zuòfǎ a?

Tip

어기조사 啊는 발음 변화로 한자를 바꾸어 쓰기도 합니다.

啊의 앞글자	啊의 변음	대용 한자	예시
a, o, e, i, u	ya	呀	是你呀!
ao, u	wa	哇	很好哇!
n	na	哪	有人哪!

7. **嘛**

'~잖아'의 뜻으로 **확실한 사실을 강조할 때** 또는 상대방도 **당연히 그렇게 여길 거라는 상황이 전제될 때** 문장 맨 뒤에 씁니다.

- A **你穿得这么多?** 너 이렇게나 많이 입었네?
  Nǐ chuān de zhème duō?

  B **今天天气冷嘛!** 오늘 날씨가 춥잖아!
  Jīntiān tiānqì lěng ma!

문제 1

다음 문장에서 틀린 곳을 찾아 바르게 고치세요.

(1) 你做的很好，我对你从来没失望过。

→ _____

(2) 我不去了书店。

→ _____

(3) 我会了游泳。

→ _____

문제 2

A, B, C, D 중 주어진 단어가 들어갈 적당한 위치를 고르세요.

(1) 这种产品 Ⓐ 是 Ⓑ 中国北方地区 Ⓒ 所生产 Ⓓ 。　 的

(2) 我 Ⓐ 买 Ⓑ 三件 Ⓒ 衣服 Ⓓ 。　 了

(3) 他们 Ⓐ 看 Ⓑ 看 Ⓒ 也 Ⓓ 没什么反应。　 了

문제 3

괄호 속에 들어갈 알맞은 글자를 쓰세요.

(1) 他正看着（　　　　）。

(2) 上下班高峰期，开车要小心，慢慢（　　　　）开。

(3) 多可怜（　　　　）！

(4) 咱们走（　　　　）！

명령문과 감탄문

✳ **명령문**命令句 mìnglìngjù**이란?**

상대방에게 일정한 행동을 권하거나 제지하는 문장으로 보통 문장 끝에
느낌표를 사용합니다.

✳ **감탄문**感叹句 gǎntànjù**이란?**

이야기하는 사람의 감정을 표현하는 문장으로서 감탄, 찬양, 놀람, 분노 등을
표현합니다.

① 명령문

상대방에게 일정한 행동을 권하거나 제지하는 문장으로, 보통 문장 끝에 느낌표를 사용합니다. 일반적으로 행동을 권유하는 명령과 제지하는 명령으로 나뉩니다.

❶ 행동을 권유하는 명령문

- **坐下!** 앉아!
  Zuò xià!

- **你说!** 말해!
  Nǐ shuō!

- **请进!** 들어오세요!
  Qǐng jìn!

- **快走吧!** 빨리 가자!
  Kuài zǒu ba!

> **Tip**
>
> 문장 앞에 请이나 문장 끝에 吧를 쓰면 보다 부드러운 권유의 뜻을 나타냅니다.
> - **请跟我来。** 저를 따라오세요.
>   Qǐng gēn wǒ lái.
> - **吃饭吧。** 식사하시죠.
>   Chī fàn ba.

❷ 행동을 제지하는 명령문

不要 / 别 / 不许 **+ 행동**

- **不要喝酒!** 술 마시지 마!
  Búyào hē jiǔ!

- **别客气!** 사양하지 마세요!
  Bié kèqi!

- **不许说话!** 말하지 마라!
  Bùxǔ shuō huà!

> **Tip**
>
> 别……了
>
> 别……了는 눈앞에서 벌어지는 것을 '~하지 마'라고 제지하는 표현법입니다.

Tip

행동을 제지하는 명령문의 끝에는 吧를 쓸 수 없습니다.

- 别**抽烟**。 담배 피우지 마세요.
  Bié chōuyān.
  别**抽烟吧**。 ✕

② 감탄문

감탄문은 **이야기하는 사람의 감정을 표현하는 문장**으로서 감탄, 찬양, 놀람, 분노 등을 표현합니다. 각각 '얼마나 (형용사)한가!', '매우 (형용사)하다'라고 해석합니다.

| 多么 + 형용사! | ǀ | 太 + 형용사 + 了! |

- 多么**漂亮啊**! 얼마나 아름다운가!
  Duōme piàoliang a!

- **黄山的风景**多么**美呀**! 황산의 풍경은 얼마나 아름다운가!
  Huáng Shān de fēngjǐng duōme měi ya!

- 太**好了**! 너무 좋다!
  Tài hǎo le!

- 太**聪明了**! 너무 총명하다!
  Tài cōngming le!

문제 1

다음 문장에서 틀린 곳을 찾아 바르게 고치세요.

(1) 跟我请来。

→ _____

(2) 别抽烟吧。

→ _____

문제 2

A, B, C, D 중 주어진 단어가 들어갈 적당한 위치를 고르세요.

(1) Ⓐ 黄山 Ⓑ 的 Ⓒ 风景 Ⓓ 美呀! 　多么

(2) Ⓐ 请 Ⓑ 拿 Ⓒ 啤酒 Ⓓ 。　 来

문제 3

괄호 속에 들어갈 알맞은 글자를 쓰세요.

(1) （　　　　） 漂亮啊!

(2) 别客气。 = （　　　　） 客气。

UNIT 15

특수문장

결과보어를
이용하는 문장

✳ **결과보어**結果补语 jiéguǒ bǔyǔ**란?** ───────

동작이나 변화가 만들어 내는 결과를 나타내며 일반적으로 사용되는 형용사나
동사는 대부분 결과보어로 사용 가능합니다.

• 결과보어 [기본형식] 주어 + 동사 + 결과보어 (동사 또는 형용사)

→ 첫걸음 Unit 17

① 결과보어 문장의 특징

❶ 결과보어 문장에서의 了와 목적어

결과보어와 동사의 결합이 매우 긴밀하여 가운데 다른 성분이 삽입될 수 없습니다. 따라서 **了나 목적어는 반드시 결과보어 뒤에** 와야 합니다.

주어 + 동사 + 결과보어 (+ 了) + 목적어

- 我学会(了)太极拳了。 나 태극권 배웠어.
  Wǒ xuéhuì (le) tàijíquán le.

- 我看完(了)那本小说了。 나 그 소설 다 썼어.
  Wǒ kànwán (le) nà běn xiǎoshuō le.

>
> 결과보어 뒤에는 지속을 나타내는 着가 올 수 없습니다.

❷ 결과보어 문장의 부정형식

동사가 결과보어를 취할 경우 부정형식은 **동사 앞에 没(有)**를 씁니다.

주어 + 没(有) + 동사 + 결과보어

- 那个故事我没听懂。 그 이야기 난 못 알아들었어.
  Nà ge gùshi wǒ méi tīngdǒng.

- 今天的作业我还没做完呢! 오늘 숙제 나는 아직 다 못했어!
  Jīntiān de zuòyè wǒ hái méi zuòwán ne.

조건문의 경우 不를 이용해 부정할 수도 있는데, 이 때는 **일종의 가정된 사실을** 표현합니다.

주어 + 不 + 동사 + 결과보어

- 我不做完作业就不去游泳。 나는 숙제를 다 하지 않으면 수영하러 가지 않을 거야.
  Wǒ bú zuòwán zuòyè jiù bú qù yóuyǒng.

- 你不写清楚，我们怎么能看懂？ 네가 정확하게 쓰지 않으면 우리가 어떻게 알아보겠니?
  Nǐ bù xiě qīngchu, wǒmen zěnme néng kàndǒng?

결과보어와 가능보어의 부정문의 차이

결과보어 没听懂	가능보어 听不懂
동작의 결과까지 함께 부정하기 때문에 동사 앞에 부정사가 옵니다.	동사와 보어 사이에 부정사가 옵니다.

❸ 결과보어 문장의 정반의문문

> • 주어 + 동사 + 결과보어 + 没(有) + 동사 + 결과보어?
> • 주어 + 동사 + 没(有) + 동사 + 결과보어?
> • 주어 + 동사 + 결과보어 + 了 + 没(有)?

• 这篇作文你看懂没看懂? 이 글을 너는 알아보겠니 못 알아보겠니?
  Zhè piān zuòwén nǐ kàndǒng méi kàndǒng?

  = 这篇作文你看没看懂? / 这篇作文你看懂了没有?

没로 부정할 때는 문장 끝에 了가 올 수 없습니다.

• 她没看完那本小说。 ○ 그녀는 그 소설을 다 보지 않았다.
  Tā méi kànwán nà běn xiǎoshuō.
  → 她没看完那本小说了。 ×

2 결과보어로 자주 쓰이는 동사와 형용사

到	在	见	住	上	开
dào	zài	jiàn	zhù	shàng	kāi

给	懂	完	好	惯	清楚
gěi	dǒng	wán	hǎo	guàn	qīngchu

❶ 到

1. 사람이나 사물이 **어떤 지점에 도달했음**을 나타냅니다.

• 姐姐上个月去上海旅行了，昨天她回到了北京。
  Jiějie shàng ge yuè qù Shànghǎi lǚxíng le, zuótiān tā huídào le Běijīng.
  언니는 지난 달 상하이로 여행 갔었는데, 어제 베이징에 돌아왔어.

2. **동작이 어떤 시간까지 지속됨**을 나타냅니다.

- 他每天晚上都学习到十一点钟。 그는 매일 저녁 11시까지 공부해.
  Tā měitiān wǎnshang dōu xuéxí dào shíyī diǎnzhōng.

3. 어떤 **동작이 목적을 달성했음**을 나타냅니다.

- 我买到那本英语词典了。 나는 그 영어 사전을 구입했어.
  Wǒ mǎidào nà běn Yīngyǔ cídiǎn le.

❷ 在

사람이나 사물이 **어떤 동작을 통해 어느 곳에 머무르게 됨**을 나타냅니다. 在 뒤에 오는 동사의 목적어는 반드시 장소를 나타내는 어휘가 와야 합니다.

동사 + 在(결과보어) + 목적어(장소)

- 昨天看电影的时候，你坐在哪儿? 어제 영화 볼 때, 너 어디에 앉았었니?
  Zuótiān kàn diànyǐng de shíhou, nǐ zuòzài nǎr?

- 钢笔我放在桌子上了，你用吧! 연필은 내가 탁자 위에 뒀으니, 너 써!
  Gāngbǐ wǒ fàngzài zhuōzi shang le, nǐ yòng ba!

❸ 见

听(듣다), 看(보다) 등의 **감각을 나타내는 동사 뒤에** 쓰여 **동작의 결과가 생겼음**을 나타냅니다. 看은 눈으로 보는 것을 나타내지만 보이는지 보이지 않는지는 확실하지 않습니다. 看见이라고 해야 비로소 '의식을 가지고 무엇인가를 확실하게 보았다'라는 뜻이 됩니다.

- A 你们看，树底下站着的那个人是谁?
  Nǐmen kàn, shù dǐxià zhànzhe de nà ge rén shì shéi?
  너희가 보기에 나무 아래에 서 있는 저 사람 누구인 것 같니?

  B 我看见了，是小王。 내가 보기에는 샤오왕이야.
  Wǒ kànjiàn le, shì Xiǎo Wáng.

- 他没有注意听，所以我刚才说的话他没有听见。
  Tā méiyǒu zhùyì tīng, suǒyǐ wǒ gāngcái shuō de huà tā méiyǒu tīngjiàn.
  그 사람은 주의해서 듣지 않아서 내가 방금 한 말을 못 들었어.

Tip

看과 看见	
• 看	그저 눈으로 보다라는 뜻으로 확실히 보았는지는 분명하지 않음.
• 看见	의도적으로 눈길을 보내어 보았음을 나타냄.

❹ 住

동작이 목적물에 영향을 미쳐 **목적물이 일정한 위치에 머무르게 됨**을 나타냅니다.

- 学过的生词我没有都记住，记住了大部分。
  Xuéguo de shēngcí wǒ méiyǒu dōu jìzhù, jìzhù le dà bùfen.
  배웠던 단어를 모두 기억하지는 못하지만, 대부분은 기억해.

- 给你铅笔，拿住，别掉了。　연필 줄게, 잘 받아, 떨어뜨리면 안 돼.
  Gěi nǐ qiānbǐ, názhù, bié diào le.

❺ 上

1. 동작을 통해 **사물을 어떤 위치에 존재하게 하거나 부착시킴**을 나타냅니다.

- 外边很冷，再穿上这件衣服吧!　밖이 정말 추워, 옷 더 입어!
  Wàibiān hěn lěng, zài chuānshang zhè jiàn yīfu ba!

- 本子上要写上名字。　공책에 이름 써야 돼.
  Běnzi shang yào xiěshang míngzi.

2. **동작이 완성된 후에 융합이나 결합이 이루어짐**을 나타냅니다.

- 屋子里有点冷，请关上窗户。　실내가 좀 추우니 창문을 닫아주세요.
  Wūzi li yǒudiǎn lěng, qǐng guānshang chuānghu.

❻ 开 kāi

동작을 통해 **목적물을 원래의 장소에서 분리시키거나 떼어 놓음**을 나타냅니다.

- 请打开书，翻到第35页。　책 35쪽을 펴세요.
  Qǐng dǎkāi shū, fāndào dì sānshíwǔ yè.

❼ 그 외

- **他昨天寄给你一封信。** 그가 어제 너에게 편지 한 통을 보냈어.
  Tā zuótiān jìgěi nǐ yì fēng xìn.

- **我听懂了妈妈说的话。** 나는 엄마가 한 말을 알아 들었다.
  Wǒ tīngdǒng le māma shuō de huà.

- **你做完作业再出去玩儿也不晚。** 숙제를 다 하고 나가서 놀아도 늦지 않아.
  Nǐ zuòwán zuòyè zài chūqù wánr yě bù wǎn.

- **你一定要搞好这次报告书。** 넌 반드시 이번 보고서를 잘 완성해야 해.
  Nǐ yídìng yào gǎohǎo zhè cì bàogàoshū.

- **他吃惯生鱼片了。** 그는 생선회를 먹을 수 있게 되었다.
  Tā chīguàn shēngyúpiàn le.

- **我没听清楚，您再说明吧。** 제가 분명하게 듣지 못했어요, 다시 설명해 주세요.
  Wǒ méi tīng qīngchu, nín zài shuōmíng ba.

연습은 실전같이!

→ 정답 및 해설 199p

문제 1

다음 문장에서 틀린 곳을 찾아 바르게 고치세요.

(1) 你们安排好工作不好？

→ _____

(2) 我看那本小说完了。

→ _____

(3) 这个故事我不听懂。

→ _____

(4) 你写不清楚，我们怎么能看懂？

→ _____

문제 2

A, B, C, D 중 주어진 단어가 들어갈 적당한 위치를 고르세요.

(1) 从早上 Ⓐ 八点 Ⓑ 工作 Ⓒ 晚上 Ⓓ 七点。　到

(2) Ⓐ 这篇作文 Ⓑ 你 Ⓒ 看懂了 Ⓓ ？　没有

(3) 这篇作文 Ⓐ 你 Ⓑ 看懂 Ⓒ 看懂 Ⓓ ？　没

문제 3

괄호 속에 들어갈 알맞은 글자를 쓰세요.

(1) 请你们关（　　　　）窗户。

(2) 学过的生词学生们都应该记（　　　　）。

(3) 做完作业，他就打（　　　　）收音机，听了一会儿音乐。

UNIT
16

특수문장

가능보어 / 정도보어를 이용하는 문장

※ 가능보어 可能补语 kěnéng bǔyǔ 란?

가능보어는 행동의 주체가 어떤 동작을 진행시키고, 그것이 어떤 결과에 이르게 하는 능력
이 있음을 나타냅니다. 결과보어나 방향보어 앞에 구조조사 得 de를 넣어 만듭니다.

· **가능보어** [기본형식] 주어 + 동사 + 得 + 보어

※ 정도보어 程度补语 chéngdù bǔyǔ 란?

동사나 형용사 뒤에 쓰여 어떤 동작이 진행되는 상황 · 결과 · 수량 등을 보충 설명하거나,
어떤 성질과 상태의 정도를 보충 설명하는 성분을 말합니다.

· **정도보어** [기본형식] 주어 + 동사 + 得 + 보어

→ 첫걸음 Unit 19 | 두걸음 Unit 08/10

 가능보어

행동의 주체가 어떤 동작을 진행시키고, 그것이 어떤 결과에 이르게 하는 능력이 있음을 나타냅니다. 결과보어나 방향보어 앞에 구조조사 得를 넣어 만듭니다.

주어 + 동사 + 得 + 보어(결과보어 / 방향보어)

- 这篇文章不太难，你们看得懂。(你们能看懂。)
  Zhè piān wénzhāng bú tài nán, nǐmen kàn de dǒng.(Nǐmen néng kàndǒng.)
  이 글은 그다지 어렵지 않아서 너희들이 이해할 수 있을 거야.

- 你等一会儿吧，我想他五点以前回得来。(他五点以前能回来。)
  Nǐ děng yíhuìr ba, wǒ xiǎng tā wǔ diǎn yǐqián huí de lái.(Tā wǔ diǎn yǐqián néng huílai.)
  잠깐만 기다려요, 내가 보기에 그 사람은 5시 전에 돌아올 수 있어요.

❶ 가능보어를 사용하는 문장의 특징

1. 把자문이나 被자문에는 사용하지 않습니다.

2. 동사가 목적어를 가지는 경우 **목적어는 가능보어 뒤에 위치**합니다.

- 下午四点半以前你做得完今天的作业吗?
  Xiàwǔ sì diǎn bàn yǐqián nǐ zuò de wán jīntiān de zuòyè ma?
  오후 4시 반 이전에 너는 오늘 숙제를 다 마칠 수 있니?

3. 가능보어의 **부정은 得를 不로** 바꿔주면 됩니다.

- 你叫他，他听不见。   네가 그 사람을 불렀는데 그 사람은 듣지 못했어.
  Nǐ jiào tā, tā tīng bu jiàn.

4. 정반의문문은 **동사와 보어 결합구조의 긍정형과 부정형을 함께 나열**합니다.

- 这篇文章你看得懂看不懂?   이 글을 너는 알아보겠니 못 알아보겠니?
  Zhè piān wénzhāng nǐ kàn de dǒng kàn bu dǒng?

❷ 가능보어로 자주 쓰이는 동사

了	动	下	着
liǎo	dòng	xià	zháo

1. 了

동작이 끝까지 진행될 수 있는지, 긍정적인 결과를 얻어낼 수 있는지의 여부를 나타냅니다.

- A 明天早上七点钟，你来得了吗? 내일 아침 7시에 너 올 수 있겠어?
  Míngtiān zǎoshang qī diǎnzhōng, nǐ lái de liǎo ma?

- B 太早了，我来不了。 너무 빨라, 나는 올 수 없어.
  Tài zǎo le, wǒ lái bu liǎo.

2. 动

동작을 통해 위치를 이동할 수 있는 힘이 있고, 가능성이 있음을 나타냅니다.

- 这张桌子我一个人搬不动。 이 테이블은 나 혼자서 옮길 수 없어.
  Zhè zhāng zhuōzi wǒ yí ge rén bān bu dòng.

- 你们抬得动这张桌子吗? 너희는 이 테이블을 들 수 있겠어?
  Nǐmen tái de dòng zhè zhāng zhuōzi ma?

3. 下

충분한 수용 공간이 있는지의 여부를 나타냅니다.

- 这个教室比较大，坐得下五十个人。 이 교실은 비교적 커서 50명은 앉을 수 있어.
  Zhège jiàoshì bǐjiào dà, zuò de xià wǔshí ge rén.

- 那个剧场坐不下两千人。 저 극장은 2천 명을 수용하지 못해.
  Nà ge jùchǎng zuò bu xià liǎng qiān rén.

4. 着

동작을 통해 목적에 도달함을 나타낸다.

- 我手里拿的是什么东西，你猜得着吗?
  Wǒ shǒuli ná de shì shénme dōngxi, nǐ cāi de zháo ma?
  내가 손에 가지고 있는 것이 어떤 물건인지 넌 맞힐 수 있어?

- 那本书图书馆里有，我借得着。 그 책은 도서관에 있어서 내가 빌릴 수 있어.
  Nà běn shū túshūguǎn li yǒu, wǒ jiè de zháo.

✳ 吃와 관련된 가능보어들

吃不到 (음식이 없어서) 먹을 수 없다

• 那个饭店非常有名，去晚了就吃不到了。
  Nà ge fàndiàn fēicháng yǒumíng, qù wǎn le jiù chī bu dào le.
  그 식당은 매우 유명해서 늦게 가면 (다 팔려서) 먹을 수 없다.

吃不过来 (음식이 많아) 먹을 수 없다

• 这么多的菜，我一个人吃不过来。
  Zhème duō de cài, wǒ yí ge rén chī bu guòlai.
  이렇게 많은 요리는 나 혼자는 먹을 수 없다.

吃不起 (돈이 없어서) 사 먹을 수 없다

• 这么贵的东西他吃不起。
  Zhème guì de dōngxi tā chī bu qǐ.
  이렇게 비싼 건 그는 사 먹을 수 없다.

吃不了 (음식이 많아서) 다 먹을 수 없다
　　　　(음식물이나 먹는 사람에게 생긴 어떤 이유로) 먹을 수 없다

• 这么多的菜，我实在吃不了。
  Zhème duō de cài, wǒ shízài chī bu iiǎo.
  이렇게 많은 요리를 난 정말 다 먹을 수 없다.

吃不下 (배불러서) 먹을 수 없다
　　　　(먹는 사람에게 생긴 어떤 이유로) 먹을 수 없다

• 他已经吃饱了，吃不下。
  Tā yǐjīng chībǎo le, chī bu xià.
  그는 이미 배가 불러서 먹을 수가 없다.

• 我拉肚子了，晚饭吃不下。
  Wǒ lā dùzi le, wǎnfàn chī bu xià.
  나는 배탈이 나서 저녁을 먹을 수 없다.

② 정도보어

동사나 형용사 뒤에 쓰여 어떤 동작이 진행되는 상황·결과·수량 등을 보충 설명하거나, 어떤 성질과 상태의 정도를 보충 설명하는 성분을 말합니다.

❶ 정도보어 문장의 형식

일반적으로 **서술어 뒤에** 得를 쓰고 이어서 **서술어의 정도를 나타내는 말을 사용**합니다.

주어 + 서술어 + 得 + 보어

- **韩国队足球踢得很好。** 한국팀은 축구를 매우 잘한다.
  Hánguó duì zúqiú tī de hěn hǎo.

- **她唱得很动听。** 그녀는 노래를 매우 듣기 좋게 부른다.
  Tā chàng de hěn dòngtīng.

- **他忙得忘了吃饭。** 그는 밥 먹는 것을 잊을 정도로 바쁘다.
  Tā máng de wàng le chī fàn.

> **Tip**
>
> 得가 없는 정도보어도 일부 있는데, 高兴极了。(너무나 좋다.), 爱死了。(좋아 죽겠다.)처럼 极, 坏, 死를 보어로 쓰는 문장 등이 그렇습니다.

❷ 정도보어를 사용할 때 주의 사항

1. **보어가 형용사**일 경우 일반적으로 **보어 앞에 很**을 붙입니다.

- **她说得很流利。** 그녀는 매우 유창하게 말한다.
  Tā shuō de hěn liúlì.

- **飞机飞得很快。** 비행기가 매우 빨리 날아간다.
  Fēijī fēi de hěn kuài.

2. 보어 성분은 **단어뿐 아니라 구나 문장**이 올 수도 있습니다.

- **他吃得肚子疼。** 그는 배가 아플 정도로 먹었다.
  Tā chī de dùzi téng.

- **老师讲得大家都很开心。** 선생님은 모두가 즐거워할 정도의 강의를 하셨다.
  Lǎoshī jiǎng de dàjiā dōu hěn kāixīn.

- **小李紧张得不知手放在哪里。** 샤오리는 손을 어디에 둘지 모를 정도로 긴장했다.
  Xiǎo Lǐ jǐnzhāng de bù zhī shǒu fàngzài nǎli.

3. 서술어의 **목적어가 있을 때**는 **서술어를 반복**하여 표현합니다. 이때 앞의 서술어는 생략이 가능합니다.

서술어 + 목적어 + 서술어 + 得 + 보어

- **迈克尔・乔丹打篮球打得很帅。** 마이클 조던은 농구를 정말 멋있게 한다.
  Màikè'ěr · Qiáodān dǎ lánqiú dǎ de hěn shuài.

- **冬冬开车开得很快。** 동동은 운전을 매우 빠르게 한다.
  Dōngdōng kāi chē kāi de hěn kuài.

  = **冬冬车开得很快。** → 앞의 서술어는 생략이 가능

4. **부정**할 때는 **보어 앞에서 부정**합니다.

- **爸爸走得不快。** 아빠는 걸음이 빠르지 않으시다.
  Bàba zǒu de bú kuài.

  → **爸爸不走得快。** ✕

- **这次台风刮得不太大。** 이번 태풍은 그리 세지 않다.
  Zhè cì táifēng guā de bú tài dà.

  → **这次台风不刮得很大。** ✕

5. **정반의문문**의 경우 **보어 부분을 반복**해 줍니다.

- **他来得晚不晚?** 그는 늦게 왔니 늦지 않게 왔니?
  Tā lái de wǎn bu wǎn?

  → **他来不来很晚?** ✕

- **那块手表做得漂亮不漂亮?** 그 손목시계는 예쁘게 만들었니?
  Nà kuài shǒubiǎo zuò de piàoliang bu piàoliang?

  → **那块手表做不做得漂亮?** ✕

Tip

	得, 的, 地의 비교
得	정도보어를 표시
	他做菜做得很好吃。 그는 음식을 맛있게 만든다. Tā zuò cài zuò de hěn hǎochī.
的	'~의', '~하는'이라고 해석되며 수식의 기능을 하는 관형어를 만들어 줌
	他的身材很结实。 그의 신체는 정말 튼튼하다. Tā de shēncái hěn jiēshi.
地	서술어를 수식하는 부사어를 만들어 줌
	慢慢地说! 천천히 말해라! Mànmàn de shuō!

문제 1

다음 문장에서 틀린 곳을 찾아 바르게 고치세요.

(1) 她今天早上起床得很早。

→ _____

(2) 她小的时候家里很穷，上不去高中。

→ _____

(3) 金先生没讲得清楚。

→ _____

(4) 他来不来很晚？

→ _____

문제 2

A, B, C, D 중 주어진 단어가 들어갈 적당한 위치를 고르세요.

(1) 你 Ⓐ 叫 Ⓑ 他，他 Ⓒ 听 Ⓓ 见了。　不

(2) 我手里拿的是什么东西，你 Ⓐ 猜 Ⓑ 得 Ⓒ 吗 Ⓓ？　着 zháo

(3) 冬冬 Ⓐ 车 Ⓑ 开得 Ⓒ 很快 Ⓓ。　开

문제 3

괄호 속에 들어갈 알맞은 글자를 쓰세요.

(1) 她说得（　　　　　）流利。

(2) 这个教室比较大，坐得（　　　　　）五十个人。

(3) 这么多的菜，我实在吃不（　　　　　）。

특수문장

방향보어를
이용하는 문장

※ **방향보어**方向补语 fāngxiàng bǔyǔ**란?**

보통 동사 뒤에 来/去를 붙여서 동작이 가까워지거나 멀어짐을 나타냅니다.

· 방향보어 기본형식 동사+来 / 去

→ 첫걸음 Unit 20

✳ 방향보어

보통 **동사 뒤에 来 / 去를 붙여서** 동작이 가까워지거나 멀어짐을 나타냅니다.

대상 ⟵⟶ 화자

❶ 방향보어의 기본 형태

주어 + **동사** + 来 / 去

- 他回来了。 그는 돌아왔다.
  Tā huílai le.

- 他回去了。 그는 돌아갔다.
  Tā huíqu le.

- 他借来了一辆自行车。 그가 자전거 한 대를 빌려왔다.
  Tā jièlai le yí liàng zìxíngchē.

- 弟弟借去了一辆自行车。 동생이 자전거 한 대를 빌려갔다.
  Dìdi jièqu le yí liàng zìxíngchē.

❷ 확장형 방향보어 8개

来 / 去 외에 다른 동사 뒤에 붙어 방향을 나타내는 주요 단어로는 上, 下, 进, 出, 过, 回, 起, 开가 있습니다.

上	下	进	出	过	回	起	开
shàng	xià	jìn	chū	guò	huí	qǐ	kāi

1. 上: **높은 곳으로 이동**하거나 또는 **어떤 목표에 도달**하였음을 나타냅니다.

- 他爬上一座山。 그는 산에 올라갔다.
  Tā páshang yí zuò shān.

- 穿上大衣吧。 외투를 입어라.
  Chuānshang dàyī ba.

2. 下: **낮은 곳으로 이동**하거나 또는 **어떤 결과를 남김**을 나타냅니다.

- 请坐下。 앉으세요.
  Qǐng zuòxia.

- 我已经记下你的手机号码了。 난 이미 네 휴대전화 번호를 적었다.
  Wǒ yǐjīng jìxia nǐ de shǒujī hàomǎ le.

上

下

3. 进: 안으로 들어감을 나타냅니다.

- **11号队员踢进了两个球。** 11번 선수가 2골을 넣었다.
  Shíyī hào duìyuán tījìn le liǎng ge qiú.

- **他跳进水里了。** 그는 물속으로 다이빙했다.
  Tā tiàojìn shuǐli le.

4. 出: 밖으로 나오거나 또는 드러냄을 나타냅니다.

- **他已经猜出谜语的谜底了。** 그는 이미 수수께끼의 답을 알아냈다.
  Tā yǐjīng cāichū míyǔ de mídǐ le.

- **请拿出你的身份证。** 당신의 신분증을 꺼내 보여주세요.
  Qǐng náchū nǐ de shēnfènzhèng.

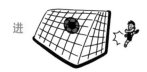
进

出

5. 过: 어떤 지점을 통과하거나 방향을 바꿈을 표시합니다.

- **他的旁边走过一只白狗。** 그의 옆으로 흰 강아지 한 마리가 지나갔다.
  Tā de pángbiān zǒuguò yì zhī bái gǒu.

- **她回过头注视我。** 그녀는 고개를 돌려서 나를 주시했다.
  Tā huíguò tóu zhùshì wǒ.

6. 回: 본래의 장소로 돌아옴을 나타냅니다.

- **把这支铅笔放回原处。** 이 연필을 원래 있던 곳에 놓아주세요.
  Bǎ zhè zhī qiānbǐ fànghuí yuánchù.

- **会议结束后，打的士把两个同学送回家。**
  Huìyì jiéshù hòu, dǎ dīshì bǎ liǎng ge tóngxué sòng huí jiā.
  회의가 끝난 후 택시를 타고 2명의 학우를 집에 데려다줬다.

7. 起: 어떤 일이 일어나거나 또는 시작됨을 나타냅니다.

- **我想起了那件事。** 나는 그 일이 생각났다.
  Wǒ xiǎngqǐ le nà jiàn shì.

- **足球比赛场上响起了大韩民国的国歌。**
  Zúqiú bǐsàichǎng shang xiǎngqǐ le Dàhánmínguó de guógē.
  축구 경기장에 대한민국 국가가 울려퍼졌다.

8. 开: 넓게 퍼져 나가거나 또는 떨어짐을 나타냅니다.

- **我打开了房门。** 나는 방문을 열었다.
  Wǒ dǎkāi le fáng mén.

- **他们一见面就说开了。** 그들은 보자마자 이야기를 하기 시작했다.
  Tāmen yí jiàn miàn jiù shuōkāi le.

❸ 복합방향보어

동사 뒤에 일반 방향보어는 물론 来/去까지 붙은 형태를 말합니다.

	上	下	进	出	过	回	起	开
来	上来	下来	进来	出来	过来	回来	起来	×
去	上去	下去	进去	出去	过去	回去	×	×

1. 下来: 어떤 사물이나 기억 등을 고정시키거나 또는 분리됨을 나타냅니다.

- **请把我的名字记下来。** 제 이름을 기록해 주세요.
  Qǐng bǎ wǒ de míngzi jì xiàlai.

- **把黑板上的内容抄下来。** 칠판 위의 내용을 적어 놓았다.
  Bǎ hēibǎn shang de nèiróng chāo xiàlai.

- **他把自己的手机放下来。** 그는 자신의 휴대전화를 내려놓았다.
  Tā bǎ zìjǐ de shǒujī fàng xiàlai.

2. 下去: 동사와 함께 쓰면 **현재 진행 중인** 동작이 계속되는 것을 나타내고, **형용사**와 같이 쓰면 **어떤 상태나 상황이 계속되는 것**을 나타냅니다.

- **这样打下去，我们队就会输了。** 이대로 간다면, 우리 팀은 지게 된다.
  Zhèyàng dǎ xiàqu, wǒmen duì jiù huì shū le.

- **天气预报说，最近会一直热下去了。** 일기예보에서 최근의 더운 날씨가 계속될 거라고 했다.
  Tiānqìyùbào shuō, zuìjìn huì yìzhí rè xiàqu le.

3. 出来: 불분명하던 것이 명확히 드러나거나 또는 생산해냄을 나타냅니다.

- 我认出来他是校长。　나는 그가 교장이라는 것을 알아차렸다.
  Wǒ rèn chūlai tā shì xiàozhǎng.

- 张老师写出来一篇文章。　장 선생님은 한 편의 글을 써냈다.
  Zhāng lǎoshī xiě chūlai yì piān wénzhāng.

4. 过来: 방향의 전환 또는 정상적 상태로의 회복을 나타냅니다.

- 对面的女孩子，向这边儿看过来。　맞은 편의 아가씨가 이 쪽을 보았다.
  Duìmiàn de nǚháizi, xiàng zhèbiānr kàn guòlai.

- 被王子亲吻的白雪公主醒过来了。　왕자의 키스를 받은 백설공주는 깨어났다.
  Bèi wángzǐ qīnwěn de Báixuě Gōngzhǔ xǐng guòlai le.

5. 过去: 정신을 잃어버림 또는 지나침을 나타냅니다.

- 你绝对瞒不过去这件事。　너는 절대로 이 일을 속일 수 없다.
  Nǐ juéduì mán bu guòqu zhè jiàn shì.

- 她在追尾事故后，就晕过去了。　그녀는 추돌사고 후, 정신을 잃었다.
  Tā zài zhuīwěi shìgù hòu, jiù yūn guòqu le.

6. 起来: 흩어진 것이 집중되거나, 상황이 시작됨 혹은 동작의 완료를 나타냅니다.

- 团结起来力量大。　단결하면 힘은 커진다.
  Tuánjié qǐlai lìliàng dà.

- 他一开玩笑，全班同学就哈哈笑起来。　그가 농담만 하면, 반 학생들은 '하하'하고 웃는다.
  Tā yì kāi wánxiào, quánbān tóngxué jiù hāhā xiào qǐlai.

- 你说的那件事，我想起来了!　네가 말한 그 일, 나 생각 났어!
  Nǐ shuō de nà jiàn shì, wǒ xiǎng qǐlai le!

过来

过去

7. 그 외 복합방향보어

- 爸爸吃完饭后就走出去了。 아빠는 음식을 다 먹은 후 바로 나가셨다.
  Bàba chīwán fàn hòu jiù zǒu chūqu le.

- 这件快递，地址写得不对，退回来了。 이 택배는 주소를 잘못 써서 반송됐다.
  Zhè jiàn kuàidì, dìzhǐ xiě de bú duì, tuì huílai le.

- 那就买能带回去的东西吧。 그럼 가지고 갈 수 있는 걸 사자.
  Nà jiù mǎi néng dài huíqu de dōngxi ba.

- 他努力地从河里游了上来。 그는 열심히 강에서 헤엄쳐 올라왔다.
  Tā nǔlì de cóng hé li yóu le shànglai.

- 这座山不陡，连小孩儿都能轻松爬上去。
  Zhè zuò shān bù dǒu, lián xiǎoháir dōu néng qīngsōng pá shàngqu.
  이 산은 높지 않아서 어린아이도 가볍게 오를 수 있다.

- 窗户没关好，风吹进来了。 창문이 닫히지 않아서 바람이 들어왔다.
  Chuānghu méi guānhǎo, fēng chuī jìnlai le.

❹ 목적어의 위치

1. 기본 형태

$$주어 + 동사 + \textbf{목적어} + 来 / 去$$
$$주어 + 동사 + 来 / 去 + \textbf{목적어}$$

- 他回家去了。 그는 집으로 돌아갔다.
  Tā huí jiā qu le.

  ① 장소 관련 목적어를 제외하면 来/去 뒤에 목적어가 올 수도 있습니다.

  - 我从图书馆借了一本书来。 나는 도서관에서 책 한 권을 빌려 왔다.
    Wǒ cóng túshūguǎn jiè le yì běn shū lai.
    = 我从图书馆借来了一本书。

  ② 把를 이용하여 목적어를 동사 앞으로 끌어낼 수도 있습니다.

  - 爸爸送回那件礼物去。 아빠가 그 선물을 돌려보냈다.
    Bàba sòng huí nà jiàn lǐwù qu.
    = 爸爸把那件礼物送回去。

2. 목적어를 반드시 来/去 앞에 쓰는 경우

주어 + 동사 + <mark>목적어</mark> + 来 / 去

① 장소 관련 목적어가 올 경우

- 他<u>回</u><mark>中国</mark><u>去了</u>。 그는 중국으로 돌아갔다.
  Tā huí Zhōngguó qu le.
  → 他<u>回</u><u>去了</u><mark>中国</mark>。 ✕

② 이합사가 함께 쓰이는 경우

- 唱<u>起</u><mark>歌</mark>来，快乐多。 노래를 하면 즐거움이 많다.
  Chàng qǐ gē lai, kuàilè duō.

- 下<u>起</u><mark>雪</mark>来了。 눈이 오기 시작한다.
  Xià qǐ xuě lai le.

> 여기서 歌, 雪는 장소는 아니지만 움직일 수 없는 목적어이므로 来/去 앞에 써야 합니다.

3. 복합방향보어에서도 움직일 수 있는 사물이 목적어이면 그 위치가 자유롭습니다.

· 주어 + 동사 + <mark>목적어</mark> + 확장형 방향보어 + 来 / 去

· 주어 + 동사 + 확장형 방향보어 + <mark>목적어</mark> + 来 / 去

· 주어 + 동사 + 확장형 방향보어 + 来 / 去 + <mark>목적어</mark>

- 请你<u>买</u><mark>一本书</mark><u>回来</u>。 나에게 책 한 권을 사다줘.
  Qǐng nǐ mǎi yì běn shū huílai.

  = 请你<u>买</u><u>回</u><mark>一本书</mark><u>来</u>。 / 请你<u>买</u><u>回来</u><mark>一本书</mark>。

문제 1

다음 문장에서 틀린 곳을 찾아 바르게 고치세요.

(1) 3班同学又唱歌起来了。

→ _____

(2) 她回到来英国了。

→ _____

(3) 我从图书馆一本书借了来。

→ _____

문제 2

A, B, C, D 중 주어진 단어가 들어갈 적당한 위치를 고르세요.

(1) 他们俩 Ⓐ 进 Ⓑ 图书馆 Ⓒ 了 Ⓓ 吗?   去

(2) Ⓐ 下 Ⓑ 雪 Ⓒ 来 Ⓓ 了。   起

(3) 他 Ⓐ 已经 Ⓑ 猜 Ⓒ 谜语的谜底 Ⓓ 了。   出

문제 3

괄호 속에 들어갈 알맞은 글자를 쓰세요.

(1) 我想（   ）了那件事。

(2) 把这支铅笔放（   ）原处。

(3) 请把我的名字记（   ）。

(4) 我不能离（   ）你。

UNIT
18

특수문장

수량보어를
이용하는 문장

✳ 수량보어 数量补语 shùliàng bǔyǔ 란?

동사 뒤에 붙어 수량을 나타내는 말로, 동작의 횟수를 나타내는 동량보어와 시간의
양을 나타내는 시량보어로 나뉩니다.

- 수량보어 [기본형식] 동사 + 了/过 + 수량보어

  [목적어가 대사] 동사 + 대사 + 목적어 + 수량보어

  [목적어가 인명/지명] 동사 + 수량보어 + 인명/지명 목적어

  동사 + 인명/지명 목적어 + 수량보어

→ 첫걸음 Unit 16/19 | 두걸음 Unit 11

✳ 수량보어

동사 뒤에 붙어 수량을 나타내는 말입니다. **동작의 횟수를 나타내는 동량사**와 **시간의 양을 나타내는 시량사**가 각각 보어로 쓰이게 되면 동령보어와 시량보어라고 합니다.

▶ 동량사와 시량사: 63쪽 UNIT 04 양사를 이용하는 문장 참조

- 동량보어 **我坐过**三次**飞机**。 나는 비행기를 세 번 타 보았다.
  Wǒ zuòguo sān cì fēijī.

- 시량보어 **他在韩国工作了**三年。 그는 한국에서 3년 동안 일했다.
  Tā zài Hánguó gōngzuò le sān nián.

❶ 수량보어의 위치

수량보어가 있는 문장의 기본형식은 다음과 같으며 了, 过 등이 있을 때, **수량보어는 그 뒤에 위치**합니다.

주어 + 동사 + 了 / 过 **+ 수량보어**

- **这首歌我唱**了三次。 이 노래는 내가 세 번이나 불렀다.
  Zhè shǒu gē wǒ chàng le sān cì.

- **让你等**了很长时间了。 너를 너무 오래 기다리게 했구나.
  Ràng nǐ děng le hěn cháng shíjiān le.

❷ 목적어가 있을 때 수량보어의 위치

목적어의 종류에 따라 수량보어의 위치가 달라지니 주의해야 합니다.

1. **목적어가 대사일 경우 수량보어는 반드시 목적어 뒤에** 두어야 합니다.

주어 + 동사 + 대사 + 수량보어

- **我借给他**三次。 나는 그에게 세 차례나 빌려주었다.
  Wǒ jiègěi tā sān cì.

- **我见过他**好几次。 나는 그를 꽤 여러 번 보았다.
  Wǒ jiànguo tā hǎo jǐ cì.

2. **목적어가 일반명사**일 경우 수량보어는 일반적으로 **목적어 앞에** 위치합니다.

주어 + 동사 + 수량보어 + 목적어(일반명사)

- 我打过一次篮球。 나는 농구를 한 번 해 보았다.
  Wǒ dǎguo yí cì lánqiú.

- 他坐过三次奔驰。 그는 벤츠를 세 번 타 보았다.
  Tā zuòguo sān cì Bēnchí.

3. **목적어가 인명이나 지명**일 경우 수량보어는 **목적어 앞, 뒤에** 모두 올 수 있습니다.

- 我见过王丽三次。 나는 왕리를 세 번 보았다.
  Wǒ jiànguo Wáng Lì sān cì.
  = 我见过三次王丽。

- 我去过中国一次。 나는 중국에 한 번 가 보았다.
  Wǒ qùguo Zhōngguó yí cì.
  = 我去过一次中国。

연습은 실전같이!

→ 정답 및 해설 201p

문제 1

다음 문장에서 틀린 곳을 찾아 바르게 고치세요.

(1) 这首歌儿我唱三次了。

　　→ _____

(2) 我打过篮球一次。

　　→ _____

(3) 我见过好几次他。

　　→ _____

문제 2

A, B, C, D 중 주어진 단어가 들어갈 적당한 위치를 고르세요.

(1) 我 Ⓐ 等 Ⓑ 你等 Ⓒ 两个小时 Ⓓ 。　　了

(2) 小王 Ⓐ 会 Ⓑ 说 Ⓒ 韩语 Ⓓ 。　　一点儿

(3) 他 Ⓐ 坐 Ⓑ 过 Ⓒ 奔驰 Ⓓ 。　　三次

UNIT
19

특수문장

비교를
나타내는 문장

✳ 비교문이란?

비교대상이 다른 사람이나 다른 사물과 얼마만큼의 차이가 있는지 혹은 얼마만큼
동등한지를 표시하는 문장입니다.

· 비교문 [기본형식] 주어 + 比 + 비교대상 + 서술어

→ 첫걸음 Unit 21 | 두걸음 Unit 01

✳ 비교문

크게 세 가지 형태로 나누어지는데 比, 没有, 跟 등을 사용하여 표현합니다.

❶ 比를 이용한 비교

1. 형태

주어 + 比 + 비교대상 + 서술어

- 他比你大。 그는 너보다 나이가 많다.
  Tā bǐ nǐ dà.

- 弟弟比我高。 동생은 나보다 키가 크다.
  Dìdi bǐ wǒ gāo.

2. 비교문의 부정

比 앞에 부정부사 不나 没를 쓰면 됩니다.

주어 + 不 / 没 + 比 + 비교대상 + 서술어

- 她不比你唱得好。 그녀는 너보다 노래를 잘하지 못해.
  Tā bù bǐ nǐ chàng de hǎo.

- 我不比你小。 나는 너보다 어리지 않다.
  Wǒ bù bǐ nǐ xiǎo.

> **Tip**
> 중국어에서 '나이가 많다', '적다'라는 개념은 일반적으로 大, 小를 쓴다는 점에 주의해야 합니다.
> 단음절 형용사는 일반적으로 앞에 很을 붙여 표현합니다. ▣ 很大。 크다.

3. 비교의 정도를 나타낼 때

① 서술어 뒤에 **수량이나 정도보어**가 올 수 있습니다.

- 2班比3班多3个人。 2반이 3반보다 세 명이 더 많아.
  Èr bān bǐ sān bān duō sān ge rén.

- 他比我高一点儿。 그는 나보다 키가 조금 더 커.
  Tā bǐ wǒ gāo yìdiǎnr.

- 这个娃娃比那个漂亮得多。 이 인형은 저것보다 훨씬 예뻐.
  Zhège wáwa bǐ nàge piàoliang de duō.

② **부사**를 이용하여 비교의 정도를 나타낼 수 있습니다.

- 他的听力比我**更强**。 그의 청취력은 나보다 훨씬 뛰어나다.
  Tā de tīnglì bǐ wǒ gèng qiáng.

- 哈尔滨的冬天比北京**还冷**。 하얼빈의 겨울은 베이징보다 더 춥다.
  Hā'ěrbīn de dōngtiān bǐ Běijīng hái lěng.

> **Tip**
>
> 평서문과는 달리 비교문에서는 很, 非常, 十分 등의 부사를 쓰지 않습니다.
>
> - 今天天气比昨天天气**还热**。 오늘 날씨는 어제 날씨보다 더 덥다.
>   Jīntiān tiānqì bǐ zuótiān tiānqì hái rè.
>   → 今天天气比昨天天气**很热**。 ×
>
> 很 대신 还나 更 등의 부사를 사용해야 합니다.

4. 比가 들어가는 관용구

比의 앞뒤에 [一 + 시간사]가 중복되면, 어떤 사람이나 사물의 **상태가 시간의 흐름에 따라 그 정도가 심화됨**을 나타냅니다. 이런 경우 서술어 뒤에 一点儿, 很多 등의 보어는 쓸 수 없습니다.

- 一天比一天**帅**! 날마다 더욱 멋있어지는군!
  Yì tiān bǐ yì tiān shuài!

- 首尔的人口一年比一年**多**。 서울의 인구는 해마다 승가한다.
  Shǒu'ěr de rénkǒu yì nián bǐ yì nián duō.

❷ 有/没有를 이용한 비교

1. 有를 사용한 비교 – 일반적으로 **의문문**에 많이 쓰입니다.

> 주어 + 有 + 비교대상 + 这么 / 那么 + 서술어

- 你的词典**有**这本词典**这么**厚吗? 네 사전은 이 사전만큼 두껍니?
  Nǐ de cídiǎn yǒu zhè běn cídiǎn zhème hòu ma?

- 我的公寓**有**他们的公寓**那么**高。 내 아파트는 그들의 아파트만큼 높다.
  Wǒ de gōngyù yǒu tāmen de gōngyù nàme gāo.

2. 没有를 이용한 비교

> 주어 + 没有 + 비교대상 (+ 这么 / 那么) + 서술어

- 大哥的工资**没有**我(**这么**)多。 큰형의 월급은 내 것만큼 많지 않아.
  Dàgē de gōngzī méiyǒu wǒ (zhème) duō.

- 白头山**没有**珠穆朗玛峰(**那么**)高。 백두산은 에베레스트산만큼 높지 않아.
  Báitóu Shān méiyǒu Zhūmùlǎngmǎ Fēng (nàme) gāo.

- **我没有小李(那么)喜欢数学。** 나는 샤오리처럼 그렇게 수학을 좋아하지는 않아.
  Wǒ méiyǒu Xiǎo Lǐ (nàme) xǐhuan shùxué.

> 这么, 那么는 말하는 이가 느끼는 거리에 따라 그 사용이 달라집니다.

3. 이 형식의 비교문은 다음과 같은 점을 주의해야 합니다.

   ① 증가나 감소를 표시하는 서술어를 쓸 수 없습니다.

   ② 서술어 앞에 还, 更 등을 사용할 수 없습니다.

   ③ 서술어 뒤에 一点儿이나 정도보어 得多의 형태가 올 수 없습니다.

○	×
• **他的硬币比我的少。** 그의 동전은 나보다 적다. Tā de yìngbì bǐ wǒ de shǎo.	→ 他的硬币没有我的少。
• **西安没有昆明暖和。** 시안은 쿤밍처럼 따뜻하지 않다. Xī'ān méiyǒu Kūnmíng nuǎnhuo.	→ 西安没有昆明还暖和。
• **你没有他认真。** 너는 그 사람만큼 성실하지 않아. Nǐ méiyǒu tā rènzhēn.	→ 你没有他认真得多。

❸ 跟을 이용한 비교

跟 + 비교대상 + (不)一样

1. 跟……一样의 형식으로 쓰이며 **동등함**을 나타냅니다.

- **我的智能手机跟他的一样好。** 나의 스마트폰은 그의 것만큼 좋다.
  Wǒ de zhìnéng shǒujī gēn tā de yíyàng hǎo.

- **我的平板电脑的大小跟你的一样。** 내 태블릿PC의 크기는 너의 것과 똑같다.
  Wǒ de píngbǎn diànnǎo de dàxiǎo gēn nǐ de yíyàng.

2. 부정할 때는 보통 **不一样**으로 합니다.

- **今天的汇率跟昨天的不一样。** 오늘의 환율은 어제 것과는 다르다.
  Jīntiān de huìlǜ gēn zuótiān de bù yíyàng.

> 跟……差不多는 두 비교대상의 상태가 비슷함을 나타냅니다.
> - **他的汉语水平跟我差不多。** 그의 중국어 실력은 나와 비슷해.
>   Tā de Hànyǔ shuǐpíng gēn wǒ chàbuduō.

✳ 연습은 실전같이!

→ 정답 및 해설 201p

 다음 문장에서 틀린 곳을 찾아 바르게 고치세요.

(1) 今年比去年不热。

→ _____

(2) 他的个子比我很高。

→ _____

(3) 西安没有昆明还暖和。

→ _____

(4) 你没有他认真得多。

→ _____

 A, B, C, D 중 주어진 단어가 들어갈 적당한 위치를 고르세요.

(1) 这本 Ⓐ 书 Ⓑ 比 Ⓒ 那本 Ⓓ 厚。　还

(2) 小李 Ⓐ 说英语 Ⓑ 有我姐姐 Ⓒ 说得 Ⓓ 流利吗?　那么

(3) 今天的汇率 Ⓐ 跟 Ⓑ 昨天的 Ⓒ 一样 Ⓓ 。　不

 괄호 속에 들어갈 알맞은 글자를 쓰세요.

(1) 韩语没有英语（　　　　）难。

(2) 一天（　　　　）一天帅!

(3) 我的平板电脑的大小（　　　　）你的一样。

(4) 首尔的人口一年（　　　　）一年多。

160

UNIT
20

연동문과 겸어문

✳ **연동문**连动句 liándòngjù**이란?**

하나의 문장 속에서, 주어 하나에 동사가 둘 이상인 문장을 말합니다.

· 연동문 [기본형식] 주어 + 동사1 + 목적어 + 동사2

✳ **겸어문**兼语句 jiānyǔjù**이란?**

두 개의 동사가 사용되어 앞 동사의 목적어가 뒤 동사의 주어 역할을 하는 문장을 말합니다.

· 겸어문 [기본형식] 주어 + 동사1 + 목적어 + 동사2
                    (목적어이면서 동사2의 주어)

→ 첫걸음 Unit 14 | 두걸음 Unit 08

① 연동문

한 문장에 둘 이상의 동사가 서술어로 쓰여 하나의 주어를 서술하거나 묘사, 설명하는 문장을 말합니다.

- **他**去**邮局**发信。 그는 우체국에 가서 편지를 부친다.
  Tā qù yóujú fā xìn.

- **你**有**权利**发表**意见**。 너는 의견을 발표할 권리가 있어.
  Nǐ yǒu quánlì fābiǎo yìjiàn.

❶ 연동문 동사의 순서

연동문에 쓰인 동사들은 여러 가지 의미 관계를 표현하므로 의미상 동사의 순서는 바꿀 수 없습니다. 즉 **동작이 행해지는 순서대로 동사를 배열**하면 됩니다.

1. 동작의 발생 순서

- **他**穿上**衣服**拉开**门**跑**了**出去。 그는 옷을 입고 문을 열어젖히더니 뛰어나갔다.
  Tā chuānshang yīfu lākāi mén pǎo le chūqu.

- **他们**吃过**晚饭**散步**去了**。 그들은 저녁을 먹고 산책을 나갔다.
  Tāmen chīguo wǎnfàn sànbù qù le.

2. 목적

- **我们**去**医院**看**病**。 우리는 병원에 진료를 받으러 간다.
  Wǒmen qù yīyuàn kàn bìng.

- **下午我们**去**商店**买**东西**。 오후에 우리는 상점에 물건을 사러 간다.
  Xiàwǔ wǒmen qù shāngdiàn mǎi dōngxi.

3. 동작의 방식

- **我明天**坐**飞机**去**广州**。 나는 내일 비행기를 타고 광저우에 가.
  Wǒ míngtiān zuò fēijī qù Guǎngzhōu.

- **他**用**铅笔**写**信**。 그 사람은 연필로 편지를 써.
  Tā yòng qiānbǐ xiě xìn.

4. 정반 관계

- **大家都**站**着不**动。 모두들 서서 움직이지 않아.
  Dàjiā dōu zhànzhe bú dòng.

5. 어떤 조건의 구비나 존재

- **我**有**理由这样**做。 내가 이렇게 하는 데에는 이유가 있어.
  Wǒ yǒu lǐyóu zhèyàng zuò.

❷ 연동문의 중첩형

일부 동사는 연동문에서 중첩형으로 쓸 수 있으며 일반적으로 **뒤에 오는 동사를 중첩**합니다.

- **我**上**街**买买**东西**。 나는 물건을 좀 사러 간다.
  Wǒ shàng jiē mǎimai dōngxi.

  → **我**上上**街**买**东西**。 ✕

❸ 연동문의 정반의문문

정반의문문은 **첫 번째 동사의 긍정형과 부정형을 나열**하여 나타냅니다.

- **你**去**不**去**看电影?** 너 영화 보러 갈 거야 안 갈 거야?
  Nǐ qù bu qù kàn diànyǐng?

- **小王**去**没**去**北京饭店吃饭?** 샤오왕은 베이징호텔에 밥 먹으러 갔어요 안 갔어요?
  Xiǎo Wáng qù méi qù Běijīng Fàndiàn chī fàn?

> **Tip**
>
> 연동문에서 부정부사 不나 부사 也는 첫 번째 동사 앞에 사용합니다.

❷ 겸어문

하나의 문장에서 **첫 번째 동사의 목적어가 다시 뒤에 오는 동사의 주어가 되는 문장**을 말합니다.

- **他的话**使**我十分生气**。 그의 말이 나를 화나게 했어.
  Tā de huà shǐ wǒ shífēn shēng qì.

- **阿里**叫**我告诉你这件事**。 아리는 나보고 이 일을 네게 알리라고 했어.
  Ālǐ jiào wǒ gàosu nǐ zhè jiàn shì.

- **这件事**使**我很感动**。 이 일로 나는 매우 감동했어.
  Zhè jiàn shì shǐ wǒ hěn gǎndòng.

- **东浩**让**你在这儿等他，他马上就来**。
  Dōnghào ràng nǐ zài zhèr děng tā, tā mǎshàng jiù lái.
  동호가 너보고 여기서 기다리래, 금방 온다고.

❶ 겸어문의 첫 번째 동사

겸어문의 **첫 번째 동사**는 일반적으로 **명령이나 호칭, 확정의 의미**를 나타냅니다.

✳ 겸어문에 자주 쓰이는 동사

使	让	叫	派	请	令	称	认	选
shǐ	ràng	jiào	pài	qǐng	lìng	chēng	rèn	xuǎn

❷ 겸어문의 두 번째 동사

겸어문의 **두 번째 동사**로 当, 做, 为 등의 동사가 자주 쓰입니다.

- 同学们一致选我当班长。 학우들이 나를 반장으로 선출했다.
  Tóngxuémen yízhì xuǎn wǒ dāng bānzhǎng.

- 我认您做老师吧。 당신을 선생님으로 모실게요.
  Wǒ rèn nín zuò lǎoshī ba.

❸ 有와 是

有와 是는 겸어문의 **첫 번째 동사**로 쓰입니다.

- 他有个中国朋友叫蓝天。 그는 란톈이라고 불리는 중국 친구가 있어.
  Tā yǒu ge Zhōngguó péngyou jiào Lántiān.

- 小王，楼下有人找你。 샤오왕, 아래 누가 널 찾아왔어.
  Xiǎo Wáng, lóu xià yǒu rén zhǎo nǐ.

- 是我送来了这封信。 이 편지를 가져온 건 나야.
  Shì wǒ sònglai le zhè fēng xìn.

- 是妈妈救了我的命。 엄마가 내 목숨을 구했어.
  Shì māma jiù le wǒ de mìng.

❹ 겸어문에서의 了, 着, 过

겸어문의 **첫 번째 동사** 뒤에는 일반적으로 **了, 着, 过**가 올 수 없습니다. 다만 원인과 결과를 설명하는 문장이나 새로운 상황의 출현을 알리는 **了**는 올 수 있습니다.

- 厂长让工人们谈了各自的想法。 공장장은 직원들에게 각자의 생각을 말하도록 하였다.
  Chǎngzhǎng ràng gōngrénmen tán le gèzì de xiǎngfǎ.

  → 厂长让了工人们谈各自的想法。 ✕

❺ 겸어문에서의 조동사

조동사는 일반적으로 **겸어문의 첫 번째 동사 앞에** 씁니다.

- **我想请**他**来作一个报告。** 나는 그 사람에게 발표를 해달라고 부탁하고 싶다.
  Wǒ xiǎng qǐng tā lái zuò yí ge bàogào.

- **那件事会叫**老师**感到十分为难。** 그 일로 선생님이 아주 곤란해 하실 거야.
  Nà jiàn shì huì jiào lǎoshī gǎndào shífēn wéinán.

- **胜利能使**人**走向成功，也能使人走向失败。**
  Shènglì néng shǐ rén zǒuxiàng chénggōng, yě néng shǐ rén zǒuxiàng shībài.
  승리는 사람을 성공으로 이끌 수 있지만, 실패로 이끌 수도 있다.

❻ 겸어문의 부정형식

부정부사는 일반적으로 첫 번째 동사 앞에 쓰이며, 저지를 나타내는 **别, 不要** 등은 두 번째 **동사 앞에** 쓸 수 있습니다.

- **他不让**我们**参加今天的晚会。** 그는 우리를 오늘 파티에 참석하지 못하게 했다.
  Tā bú ràng wǒmen cānjiā jīntiān de wǎnhuì.

- **我们没请**他**来，是他自己来的。** 우리가 그 사람을 오라고 한 게 아니라, 그 사람이 온 거야.
  Wǒmen méi qǐng tā lái, shì tā zìjǐ lái de.

- **上课，请**大家**不要说话。** 수업을 하니 여러분은 말씀을 삼가세요.
  Shàngkè, qǐng dàjiā bú yào shuō huà.

- **阅览室的报纸，请**你们**别拿出去。** 열람실의 신문은 가지고 나가지 마세요.
  Yuèlǎnshì de bàozhǐ, qǐng nǐmen bié ná chūqu.

연습은 실전같이!

→ 정답 및 해설 202p

문제 1

다음 문장에서 틀린 곳을 찾아 바르게 고치세요.

(1) 昨天我去了超级市场买了两个电池。

→ _____

(2) 我上上街买东西。

→ _____

(3) 你去看不看电影?

→ _____

(4) 那件事叫老师会感到十分为难。

→ _____

문제 2

A, B, C, D 중 주어진 단어가 들어갈 적당한 위치를 고르세요.

(1) 他的 Ⓐ 话 Ⓑ 我 Ⓒ 十分 Ⓓ 生气。　使

(2) 厂长让 Ⓐ 工人们谈 Ⓑ 各自 Ⓒ 的想法 Ⓓ 。　了

(3) 我们 Ⓐ 请 Ⓑ 他 Ⓒ 来 Ⓓ 。　没

(4) Ⓐ 请 Ⓑ 大家 Ⓒ 说话 Ⓓ 。　不要

문제 3

괄호 속에 들어갈 알맞은 글자를 쓰세요.

(1) 我明天 (　　　　　) 飞机 (　　　　　) 广州。

(2) 同学们一致选我 (　　　　　) 班代表。

166

UNIT
21

✳

특수문장

把자문 / 被자문

✳ **把자문이란?**

把와 그 목적어를 동사 앞으로 이끌어 부사어로 쓰인 문장을 말합니다.

- 把자문 [기본형식] 주어 + (不) + 把 + 목적어 + 동사 + 기타성분

✳ **被자문이란?**

被, 叫, 让을 이용하여 피동을 나타내는 문장을 말합니다.

- 被자문 [기본형식] 주어 + (不) + 被 + 목적어 + 동사 + 기타성분

→ 두걸음 Unit 13/17

① 把자문

전치사 把와 그 목적어를 동사 앞으로 이끌어 부사어로 쓰인 문장을 말하며, **동작을 통해 어떤 변화나 영향, 결과 등이 나타남을 강조**하기 위해 사용합니다.

❶ 把자문의 쓰임

1. 기본 형태

주어 + 把 + 목적어 + 동사 + 기타성분

- 屋里太热了，把窗户**打开一下吧**!　　→ 打开窗户
  Wūli tài rè le, bǎ chuānghu dǎkāi yíxià ba!
  방안이 몹시 더우니 창문 좀 열자!

- 玛丽把房间**布置得漂亮极了**。　　→ 布置房间
  Mǎlì bǎ fángjiān bùzhì de piàoliang jíle.
  마리는 방을 매우 예쁘게 꾸몄다.

2. **把의 목적어**는 임의의 것이 아니라 **특정한 것**이어야 합니다.

- 把那本词典**递给我**。　그 사전을 제게 전해 주세요.
  Bǎ nà běn cídiǎn dìgěi wǒ.
  → **把一本词典递给我。** ✕

- 我把这个消息**告诉了老王**。　나는 이 소식을 라오왕에게 알려주었다.
  Wǒ bǎ zhè ge xiāoxi gàosu le Lǎo Wáng.

3. 把자문의 동사 뒤에는 일반적으로 **기타성분**을 써야 하는데 **동사의 중첩형, 동태조사 了, 보어, 목적어** 등이 올 수 있습니다.

- 보어　我把今天该办的事**都办完了**。　나는 오늘 처리해야 할 일을 모두 처리했다.
  　　　Wǒ bǎ jīntiān gāi bàn de shì dōu bànwán le.
  　　　→ 把该办的事**都办**。 ✕

- 보어　他把衣服**放到衣柜里了**。　그는 옷을 옷장 안에 넣어두었다.
  　　　Tā bǎ yīfu fàngdào yīguì li le.
  　　　→ 把衣服**放**。 ✕

- 보어　把这些词**记住**。　이 단어들을 기억해라.
  　　　Bǎ zhèxiē cí jìzhù.

- 중첩　咱们把屋子**打扫打扫**。　우리 집을 청소하자.
  　　　Zánmen bǎ wūzi dǎsǎo dǎsǎo.

- 목적어 　把这件事**告诉他**吧。　이 일을 그에게 알려라.
　　　　　Bǎ zhè jiàn shì gàosu tā ba.

4. 일반적으로 **동사가 '분리되어 떨어짐'을 나타내는 경우**에는 동사 뒤에 **了**만 써도 됩니다. 자주 쓰이는 동사로는 脱 tuō, 拆 chāi, 倒 dào, 扔 rēng, 寄 jì, 发 fā 등이 있습니다.

- 他把毛衣**脱了**。　그는 스웨터를 벗었다.
　Tā bǎ máoyī tuō le.
　→ 他把毛衣**穿了**。 ✕

- 我把邮票**撕了**。　나는 우표를 찢었다.
　Wǒ bǎ yóupiào sī le.

5. **부정부사, 시간사, 조동사** 등은 일반적으로 **把 앞에 사용**합니다.

- 他**没**把照相机**带来**。　그는 카메라를 가져오지 않았다.
　Tā méi bǎ zhàoxiàngjī dàilai.

- 我**昨天**把那本书**还给图书馆了**。　나는 어제 그 책을 도서관에 반납했다.
　Wǒ zuótiān bǎ nà běn shū huángěi túshūguǎn le.

- 你**应该**把中文**学好**。　너는 중국어를 잘 배워야 한다.
　Nǐ yīnggāi bǎ Zhōngwén xuéhǎo.

6. 특수한 **把자문**

　특수한 **把자문**은 동사 뒤에 **在 zài, 到 dào, 给 gěi, 成 chéng** 등의 전치사 및 전치사의 목적어가 놓이며, 형식은 매우 고정적입니다.

在	~에 위치하다 • 他把衣服**挂在**这儿了。　그는 옷을 여기에다 걸었다. 　Tā bǎ yīfu guàzài zhèr le.
到	~에 도달하다 • 大家把他**送到**医院。　모두는 그를 병원으로 옮겼다. 　Dàjiā bǎ tā sòngdào yīyuàn.
给	~에(게) 주다 (사람/사물이 어떤 특정한 동작을 통해 다른 대상으로 넘어가는 것을 나타냄) • 他把火车票**交给**了我。　그는 기차표를 내게 주었다. 　Tā bǎ huǒchēpiào jiāogěi le wǒ.
成	~가 되다 (사물이 어떠한 동작을 통해 다른 모습으로 변함을 나타냄) • 我常常把 '体' 字**写成** '休' 字。　나는 늘 '体'자를 '休'자로 쓴다. 　Wǒ chángcháng bǎ 'tǐ' zì xiěchéng 'xiū' zì.

❷ 把자문의 주의 사항

1. **위치나 상태의 변화**가 생긴 경우

- **我把**作业**交给**老师了。 나는 숙제를 선생님께 제출하였다.
  Wǒ bǎ zuòyè jiāogěi lǎoshī le.

- **他把**这篇课文**翻译成**了英文。 그는 이 본문을 영어로 번역하였다.
  Tā bǎ zhè piān kèwén fānyì chéng le Yīngwén.

2. 특정한 **동작의 방식을 강조**하는 경우 (대부분 명령이나 행동 묘사에 많이 사용됨)

- **把**你的护照**给我看看**。 당신의 여권을 저에게 보여 주세요.
  Bǎ nǐ de hùzhào gěi wǒ kànkan.

- **把**这张表**填**一下。 이 신청서를 기입하세요.
  Bǎ zhè zhāng biǎo tián yíxià.

- **他把**大衣**一穿，**帽子**一戴，** **走了出去。** 그는 외투를 입고, 모자를 쓰고, 걸어나갔다.
  Tā bǎ dàyī yì chuān, màozi yí dài, zǒu le chūqu.

3. **행위의 목적이나 목표를 강조**하는 경우

- **我把**今天的作业**作完了。** 나는 오늘 숙제를 다 하였다.
  Wǒ bǎ jīntiān de zuòyè zuòwán le.

- **我要把**他的病**治好。** 나는 그의 병을 잘 치료할 것이다.
  Wǒ yào bǎ tā de bìng zhìhǎo.

4. 처치성이 없는 동작이나 비동작성 동사는 把자문을 쓸 수 없습니다.

① 감각, 인식: **看见** kànjiàn, **听见** tīngjiàn, **闻到** wéndào, **感到** gǎndào, **知道** zhīdào,
　　　　　　懂 dǒng

② 존재, 동등: **有** yǒu, **在** zài, **是** shì

③ 심리: **同意** tóngyì, **讨厌** tǎoyàn, **生气** shēngqì, **怕** pà

④ 신체 상태: **站** zhàn, **坐** zuò, **躺** tǎng

- **把**花香**闻**到了。 ×

- **把**他**认识**了。 ×

❷ 被자문

전치사 被, 叫, 让을 이용하여 피동을 나타내는 문장을 말합니다.

❶ 被자문의 쓰임

1. 기본 형태

주어 + 被 + 목적어 + 동사 + 기타성분

- 他被公司开除了。　그는 회사에서 해고되었다.
  Tā bèi gōngsī kāichú le.

  → 公司开除他　회사가 그를 쫓아냈다.

- 那个病人被小王送到医院去了。　그 환자를 샤오왕이 병원으로 보냈다.
  Nà ge bìngrén bèi Xiǎo Wáng sòngdào yīyuàn qù le.

2. 被자문의 주어는 일반적으로 **정해진 것이나 혹은 이미 알고 있는 것**이어야 합니다.

- 我的钱包被小偷儿偷了。　내 지갑은 소매치기에게 도둑맞았다.
  Wǒ de qiánbāo bèi xiǎotōur tōu le.

- 那个小孩子被狗咬了。　그 어린 아이는 개에게 물렸다.
  Nà ge xiǎo háizi bèi gǒu yǎo le.

3. 서술어는 일반적으로 간단한 하나의 동사가 아니라 **동태조사 了, 过, 보어, 목적어, 조동사 등이 함께** 와서 동작의 결과나 정도, 시간 등을 설명해야 합니다.

- 那本小说昨天让人借走了。　그 소설은 어제 누군가가 빌려갔다.
  Nà běn xiǎoshuō zuótiān ràng rén jièzǒu le.

- 我的自行车叫弟弟骑到城里去了。　내 자전거를 남동생이 타고 시내로 갔다.
  Wǒ de zìxíngchē jiào dìdi qídào chéngli qù le.

- 忽然，门被撞开了。　갑자기 문이 부딪혀 열렸다.
  Hūrán, mén bèi zhuàngkāi le.

- 玻璃杯被打碎了。　유리컵이 깨져버렸다.
  Bōlibēi bèi dǎsuì le.

4. 被는 문어체의 성격이 강하고, 회화체에서는 叫나 让을 많이 사용합니다. 단, 문장에서 被의 목적어는 생략될 수 있지만, 叫나 让의 목적어는 반드시 써야 합니다.

- 문어체   他被老师批评了一顿。 그는 선생님께 한 소리를 들었다.
           Tā bèi lǎoshī pīpíng le yí dùn.

- 회화체   他叫/让老师批评了一顿。
           Tā jiào/ràng lǎoshī pīpíng le yí dùn.

- 목적어의 생략   他被批评了一顿。 ○
              Tā bèi pīpíng le yí dùn.

              → 他叫/让批评了一顿。 ✕

5. 만약 동작의 주체를 표현할 필요가 없거나 표현할 수 없는 경우라면 人으로 대체할 수 있습니다.

- 张老师被人请去作报告了。 장 선생님은 부탁을 받고 발표를 하러 갔다.
  Zhāng lǎoshī bèi rén qǐng qù zuò bàogào le.

- 我的词典叫人借走了。 나의 사전을 누가 빌려갔다.
  Wǒ de cídiǎn jiào rén jièzǒu le.

6. 부정부사나 조동사를 사용해야 한다면 모두 被, 叫, 让 앞에 써야 합니다.

- 那本小说没被人借走, 你拿去看吧。
  Nà běn xiǎoshuō méi bèi rén jièzǒu, nǐ ná qù kàn ba.
  그 소설은 다른 사람이 안 빌려 갔으니 네가 가져가서 봐라.

- 快关上窗户, 墙上的画儿要让风吹下来了。
  Kuài guānshang chuānghu, qiángshang de huàr yào ràng fēng chuī xiàlai le.
  빨리 창문 닫아, 벽에 걸린 그림이 바람에 떨어지려고 해.

문제
1

다음 문장에서 틀린 곳을 찾아 바르게 고치세요.

(1) 我把那种杂志喜欢看。

→ _____

(2) 他把那张DVD还没看完。

→ _____

(3) 快把床收拾!

→ _____

(4) 一本小说昨天让人借了。

→ _____

문제
2

A, B, C, D 중 주어진 단어가 들어갈 적당한 위치를 고르세요.

(1) Ⓐ 请 Ⓑ 那三 Ⓒ 本辞典 Ⓓ 递给我。　 把

(2) Ⓐ 那本小说 Ⓑ 被 Ⓒ 人 Ⓓ 借走。　 没

(3) Ⓐ 他 Ⓑ 公司 Ⓒ 开除 Ⓓ 了。　 被

문제
3

괄호 속에 들어갈 알맞은 글자를 쓰세요.

(1) 留学生中（　　　　　）称为"老李"的是那个学生。

(2) （　　　　　）留学生们称为"老李"的是那个学生。

UNIT
22

특수문장
존현문

✳ 존현문이란?

문장의 첫부분에 장소나 시간을 나타내는 말을 사용하여 새로운 사람이나
사물의 존재, 출현 또는 사라짐을 나타내는 문장을 말합니다.

· 존현문 [기본형식] 장소 / 시간＋동사＋사람 / 사물

✳ 존현문

문장의 첫부분에 장소나 시간을 나타내는 말을 사용하여 **새로운 사람이나 사물의 존재, 출현 또는 사라짐을 나타내는 문장**을 말합니다.

- 존재   医院门口**站着**一位大夫。   병원 입구에 의사 한 명이 서 있다.
  Yīyuàn ménkǒu zhànzhe yí wèi dàifu.

- 출현   餐厅**来了**一个包裹。   식당에 소포 하나가 왔다.
  Cāntīng lái le yí ge bāoguǒ.

- 소실   那里**死了**一只麻雀。   그곳에 참새 한 마리가 죽어있다.
  Nàli sǐ le yì zhī máquè.

> **Tip**
>
> 출현, 소실의 문장에서는 '그렇게 되었다'라는 뜻의 완료·실현의 동태조사 了가 동사의 뒤에 쓰입니다.
> 모두 알고 있는 것은 동사 앞에 위치하고, 불특정한 것이나 새로운 정보 등은 동사 뒤에 위치합니다.
>
> | 客人**来了**。 | **来**客人了。 |
> |---|---|
> | 예정된 손님이 오심 | 갑작스런 손님이 오심 |

❶ 존현문은 언제 사용하나요?

아래 문장을 비교해 보겠습니다.

1. 一件衣服**挂在**衣架上。   한 벌의 옷이 옷걸이에 걸려 있다.
    Yí jiàn yīfu guàzài yījià shang.

2. 衣架上**挂着**一件衣服。   옷걸이에 한 벌의 옷이 걸려 있다.
    Yījià shang guàzhe yí jiàn yīfu.

3. 我的衣服**挂在**衣架上。   내 옷이 옷걸이에 걸려 있다.
    Wǒ de yīfu guàzài yījià shang.

이 중에서 1.은 다소 어색한 문장입니다. 일반적으로 중국어에서는 1.처럼 불특정하고 막연히 제시된 단어나 구가 주어가 되는 것을 꺼립니다. 이런 경우에 필요한 것이 2.와 같은 존현문입니다. 3.의 경우는 나의 옷이라는 구체적인 단어이므로 맞는 표현입니다.

중국어에서는 **불특정한 단어(말하는 이, 듣는 이 모두 잘 알지 못하는 불특정한 사람이나 사물)가 주어로 오는 것을 꺼리기 때문에** 존현문을 사용합니다.

❷ 존현문 사용 방법

장소 또는 시간 + **동사** + 사람이나 사물

- 北京**昨天下了一场大雨**。 베이징에는 어제 한바탕 비가 내렸다.
  Běijīng zuótiān xià le yì chǎng dàyǔ.

- 前面**开来了一辆汽车**。 앞에서 한 대의 자동차가 다가온다.
  Qiánmiàn kāilái le yí liàng qìchē.

- 学校门口**有一座塔**。 학교 입구에 탑 하나가 있다.
  Xuéxiào ménkǒu yǒu yí zuò tǎ.

- 沙发上**坐着两个朋友**。 소파에 두 명의 친구가 앉아있다.
  Shāfā shang zuòzhe liǎng ge péngyou.

일반적으로 해석할 때 '어떤 장소(시간)에 사람(사물)이 ~하다'라는 형식을 취합니다. 곧 <u>의</u><u>미상의 주어가 뒤에</u> 있다고 보면 됩니다.

또한 존현문 앞에는 장소를 나타내는 말이라 할지라도 절대로 **장소 관련 전치사 在, 从 등**을 쓸 수 없습니다.

- 黑板上**写着几个字**。 칠판에 몇 글자가 쓰여 있다.
  Hēibǎn shang xiězhe jǐ ge zì.
  → 在黑板上**写着几个字**。 ✕

❸ 존현문의 부정형식

동사 앞에 没를 사용하며, 이 경우 **목적어 앞에 수량사가 올 필요가 없습니다.**

- 公园门口**没停着车**。 공원 입구에는 차가 세워져 있지 않다.
  Gōngyuán ménkǒu méi tíngzhe chē.

- 后边**没来车**。 뒤에서는 차가 오고 있지 않다.
  Hòubiān méi lái chē.

❹ 존현문의 형태

1. **존재를** 표현하는 존현문

   ① '~에 ~이 있다'라는 의미를 나타내며 일반적으로 **동사 有를** 사용합니다. **동사 뒤에**
   着가 붙는 경우가 많습니다.

   - 屋子里**有一台电视**。 방 안에는 텔레비전이 한 대 있다.
     Wūzi li yǒu yì tái diànshì.

176

- 讲台上**放着一本书。** 교탁 위에 책 한 권이 놓여 있다.
  Jiǎngtái shang fàngzhe yì běn shū.

- 门牌上**刻着外国人的名字。** 문패에 외국인의 이름이 새겨져 있다.
  Ménpái shang kèzhe wàiguórén de míngzi.

- 墙上**挂着一张地图。** 벽에 지도 한 장이 붙어 있다.
  Qiángshang guàzhe yì zhāng dìtú.

② 着는 동사 뒤에 붙어 동작의 진행이나 지속되는 상황을 나타냅니다.

- 他吃**着**呢。 그는 먹고 있다.
  Tā chīzhe ne.

- 屋子里放**着**很多书。 집 안에는 많은 책들이 놓여 있다.
  Wūzi li fàngzhe hěn duō shū.

2. **출현**을 표현하는 존현문
  보통 **동사 뒤에 了 또는 방향보어** 등이 붙어 어떤 **사물이나 사람의 출현이 가까이 다가옴**을 나타냅니다.

- 上午**来了**宋老师。 오전에 송 선생님이 오셨다.
  Shàngwǔ lái le Sòng lǎoshī.

- 前面**走过来**一位老人。 앞에 노인 한 분이 걸어온다.
  Qiánmiàn zǒu guòlai yí wèi lǎorén.

- 从那边**飞过来**一只天鹅。 그 쪽에서 백조 한 마리가 날아온다.
  Cóng nà biān fēi guòlai yì zhī tiān'é.

3. **소실**을 표현하는 존현문
  보통 **동사 뒤에 了 또는 방향보어** 등이 붙어서 어떤 **사물이나 사람의 소실 혹은 멀어져감**을 나타냅니다. 자주 쓰이는 동사로는 走 zǒu, 丢 diū, 死 sǐ, 跑 pǎo, 漏 lòu 등이 있습니다.

- 这个句子里**漏了**三个字。 이 문장 속에서는 세 글자가 빠져 있다.
  Zhège jùzi li lòu le sān ge zì.

- 班里**少了**两名学生。 반에 학생 두 명이 빠져 있다.
  Bān li shǎo le liǎng míng xuésheng.

연습은 실전같이!

→ 정답 및 해설 203p

문제 1

다음 문장에서 틀린 곳을 찾아 바르게 고치세요.

(1) 一幅画儿挂着房间里。

    → _____

(2) 前面开过来那辆汽车。

    → _____

(3) 在天上出现了太阳。

    → _____

(4) 一场大雨昨天下了北京。

    → _____

문제 2

A, B, C, D 중 주어진 단어가 들어갈 적당한 위치를 고르세요.

(1) Ⓐ 后面 Ⓑ 走过 ⓒ 三个人 Ⓓ 。　　来

(2) Ⓐ 昨天 Ⓑ 我们班 ⓒ 一个同学 Ⓓ 。　　走了

(3) 公园 Ⓐ 门口 Ⓑ 停着 ⓒ 车 Ⓓ 。　　没

문제 3

괄호 속에 들어갈 알맞은 글자를 쓰세요.

(1) 门牌上刻（　　　　　）外国人的名字。

(2) 前面走过（　　　　　）一位老人。

(3) 屋子里（　　　　　）很多书。

UNIT
23

특수문장

접속사와 복문

✳ 접속사와 복문이란?

접속사는 중국어로는 연사连词 liáncí라고 하며 단어, 단어의 결합, 문장 등을 연결하여 원인, 결과, 전환, 조건, 가정, 선택 등을 표시하는 기능을 하는 품사를 말합니다. 이중에서 두 개 이상의 문장으로 이어진 것을 복문이라고 합니다.

- 접속사 기본형식 단어＋접속사＋단어
   기본형식 문장＋접속사＋문장 → 복문

→ 두걸음 Unit 02 / 05 / 06 / 08 / 14 / 18 / 19 / 20

✳ 접속사와 복문

❶ 접속사란?

중국어로는 연사连词라고 하며 **단어나 문장 등을 연결하여 원인, 결과, 전환, 조건, 가정, 선택 등을 표시**하는 기능을 하는 품사를 말합니다.

> **단어 연결** 小张和小李真是好朋友。 샤오장과 샤오리는 정말 좋은 친구이다.
> Xiǎo Zhāng hé Xiǎo Lǐ zhēn shì hǎo péngyou.

> **문장 연결** 因为下大雪，所以不能爬山。 눈이 많이 내려서, 등산을 할 수 없다.
> Yīnwèi xià dàxuě, suǒyǐ bù néng pá shān.

❷ 복문이란?

각각 홀로 쓰일 수 있는 **두 개 이상의 문장이 이어진 문장**을 말합니다.

> **Tip**
>
> 홀로 쓰일 수 있는 문장은 단문이라고 합니다.

❸ 낱말이나 구를 이어주는 접속사의 종류

和	跟	并	与	或	或者
hé	gēn	bìng	yǔ	huò	huòzhě

1. 和: **명사뿐만 아니라 동사도 연결**할 수 있는데 이때 목적어는 같은 것이어야 합니다.

- 我们应该关心和帮助别人。 우리는 마땅히 타인에게 관심을 갖고 도와야 한다.
  Wǒmen yīnggāi guānxīn hé bāngzhù biérén.

- 老师总是表扬和鼓励我。 선생님은 늘 나를 칭찬하고 격려해 주신다.
  Lǎoshī zǒngshì biǎoyáng hé gǔlì wo.

2. 跟: **연합관계를 나타내며 '~와'로 해석**합니다. 사용 빈도는 和 다음으로 많습니다.

- 我们跟爸爸骑自行车去江边。 우리는 아빠와 자전거를 타고 강변에 갔다.
  Wǒmen gēn bàba qí zìxíngchē qù jiāngbiān.

3. 并: **일반적으로 동일한 목적어를 갖는 이음절 동사나 형용사를 연결**할 때 사용합니다.

- 她安排并进行了义卖。 그녀는 자선 바자회를 계획하고 진행했다.
  Tā ānpái bìng jìnxíng le yìmài.

4. **与**: 명사나 대사를 **병렬**시켜주고, 和와 跟과는 달리 **서면어**에서 많이 사용합니다.

- **半导体与手机在出口产品中占30%的比率。**
  Bàndǎotǐ yǔ shǒujī zài chūkǒu chǎnpǐn zhōng zhàn bǎifēnzhī sānshí de bǐlǜ.
  반도체와 휴대전화는 수출상품 중 30%의 비율을 차지하고 있다.

5. **或(或者)**: '혹은', '또는', '~하거나'라는 뜻입니다.

- **太极拳或者羽毛球都是对身体很有好处的运动。**
  Tàijíquán huòzhě yǔmáoqiú dōu shì duì shēntǐ hěn yǒu hǎochù de yùndòng.
  태극권 혹은 배드민턴은 몸에 매우 유익한 운동이다.

- **星期天他去教堂或者去看望母亲。** 일요일에 그는 교회에 가거나 어머니를 찾아뵌다.
  Xīngqītiān tā qù jiàotáng huòzhě qù kànwàng mǔqīn.

❹ 접속사를 사용하는 복문

＊ 복문에서 자주 사용되는 접속사

因为	所以	于是	因此	虽然	如果	不管	尽管	不过
yīnwèi	suǒyǐ	yúshì	yīncǐ	suīrán	rúguǒ	bùguǎn	jǐnguǎn	búguò

1. **원인과 결과**를 나타내는 복문
   앞 문장이 원인이 되어 뒷 문장의 결과가 나타나게 되었음을 의미합니다.

因为……所以	由于……因此	既然 …… 就	或者
yīnwèi …… suǒyǐ	yóuyú …… yīncǐ	jìrán …… jiù	huòzhě

① 因为……所以 '~때문에, 그래서' / 由于……因此 '~때문에, 이로 인해'
   因为와 由于는 앞 절에 쓰여 원인을, **所以와 因此는 뒷 절**에 쓰여 결과를 나타냅니다.

- **因为下大雪，所以不能爬山。** 큰 눈이 내려서 등산을 할 수 없다.
  Yīnwèi xià dàxuě, suǒyǐ bù néng pá shān.

- **因为空气污染，所以人们都戴口罩。**
  Yīnwèi kōngqì wūrǎn, suǒyǐ rénmen dōu dài kǒuzhào.
  공기오염 때문에 사람들은 마스크를 착용한다.

- **由于发生了车祸，因此交通堵塞得很厉害。**
  Yóuyú fāshēng le chēhuò, yīncǐ jiāotōng dǔsè de hěn lìhai.
  자동차 사고가 있어서 교통이 매우 막힌다.

② 既然······就 '기왕에 ~했으니'

既然은 사실을 설명하고, **就**는 앞의 사실에 근거한 **주관적 판단**을 나타냅니다.

- **既然**他替你去，你**就**不用去了。 기왕 그가 네 대신 갔으니, 너는 안 가도 된다.
  Jìrán tā tì nǐ qù, nǐ jiù búyòng qù le.

- **既然**你来了，**就**和大家一起商量吧。 기왕 네가 왔으니, 다 함께 상의해 보자.
  Jìrán nǐ lái le, jiù hé dàjiā yìqǐ shāngliang ba.

③ 因为 / 由于 '~때문에'

뜻은 같지만 **因为**가 앞 문장, 뒷 문장에 자유롭게 쓰일 수 있는 반면, **由于는 앞 문장에만** 쓰입니다. **因为는 주로 所以와 결합**하고, **由于는 주로 因此와 결합**합니다.

- 在那里自行车骑不快，**因为**那里人山人海。
  Zài nàli zìxíngchē qí bu kuài, yīnwèi nàli rénshān rénhǎi.
  그곳은 자전거가 빨리 달릴 수 없는데, 왜냐하면 사람이 많기 때문이다.
  → 那里自行车骑不快，**由于**人山人海。 ✕

2. **순접 기능**의 접속사가 있는 복문

앞, 뒤 문장이 원인이나 시간적 순서에 의해 순차적으로 이루어짐을 의미합니다.

所以	而	然后
suǒyǐ	ér	ránhòu

① 所以 '그래서'

- 我生病了，**所以**请假了。 나는 병이 나서 병가를 냈다.
  Wǒ shēngbìng le, suǒyǐ qǐng jià le.

② 而(~하고)은 서술어나 문장을 이어주는 역할을 하며 **순접과 역접 모두 가능**합니다.

- 他是勤奋**而**聪明的学生。 그는 근면하고 총명한 학생이다.
  Tā shì qínfèn ér cōngming de xuésheng.

③ 然后 '그러고 나서', '그리고'

- 她先到了邮局，**然后**到了图书馆。 그녀는 먼저 우체국에 간 후, 도서관에 갔다.
  Tā xiān dào le yóujú, ránhòu dào le túshūguǎn.

3. **역접 기능**의 접속사를 사용하는 복문

뒷 문장의 내용과 앞 문장의 내용에 어느 정도 반대되는 의미를 갖고 있습니다.

但是	可是	不过	而是
dànshì	kěshì	búguò	érshì

① **但是 / 可是** '그러나'

但是는 서면어에서, **可是**는 구어체에서 많이 쓰입니다.

- **我邀请她，可是她没来。** 내가 그녀를 초대했으나 그녀는 오지 않았다.
  Wǒ yāoqǐng tā, kěshì tā méi lái.

② **但是 / 不过** '~하기는 하지만'

일반적으로 앞 문장의 내용을 어느 정도 긍정하면서, 다소 부정적인 부분을 말하고자 할 때 쓰입니다.

- **这本书好是好，但是价格太贵了。** 이 책은 좋기는 좋은데 가격이 너무 비싸다.
  Zhè běn shū hǎo shì hǎo, dànshì jiàgé tài guì le.

- **这种雨伞价格便宜，不过质量有点问题。**
  Zhè zhǒng yǔsǎn jiàgé piányi, búguò zhìliàng yǒudiǎn wèntí.
  이 우산은 가격은 저렴하나 품질은 약간 문제가 있다.

③ **而是**는 보통 **不是**……**而是**……의 형태로 많이 쓰여 '~이 아니고 ~이다'의 의미를 지닌다.

- **他们不是日本人，而是韩国人。** 그들은 일본인이 아니고 한국인이다.
  Tāmen búshì Rìběnrén, érshì Hánguórén.

4. **전환 기능**의 접속사를 사용하는 복문

어떤 사건이나 사실이 존재하거나 앞으로 예상된다 할지라도 이에 반하는 또 다른 것이 발생할 수 있음을 나타낼 때 사용합니다.

虽然 …… 但是	尽管 …… 也
suīrán …… dànshì	jǐnguǎn …… yě

① **虽然**……**但是** '비록 ~이지만, (그러나) ~하다'

- **他虽然没有大学文凭，但是很有才能。**
  Tā suīrán méiyǒu dàxué wénpíng, dànshì hěn yǒu cáinéng.
  그는 비록 대학교 졸업장은 없지만 매우 재능이 있다.

② 尽管……也 '비록 ~이지만, ~하다'

- **数学**尽管**没什么用，但**也**要学。** 수학은 설령 쓰임이 많지 않더라도 배워야 한다.
  Shùxué jǐnguǎn méi shénme yòng, dàn yě yào xué.

5. **조건 기능**의 접속사를 사용하는 복문

앞 문장의 조건이 충족되면 뒷 문장의 내용이 실현됨을 나타냅니다.

除非……	只要……就	只有……才	一……就……	不管……
chúfēi ……	zhǐyào …… jiù	zhǐyǒu …… cái	yī …… jiù ……	bùguǎn ……

① 除非 '~하지 않는 한'

없어서는 안 될 유일한 조건을 나타냅니다.

- 除非**出现奇迹，否则你们队赢不了我们队。**
  Chúfēi chūxiàn qíjì, fǒuzé nǐmen duì yíng bu liǎo wǒmen duì.
  기적이 생기지 않는 한 너희 팀은 우리 팀을 이길 수 없다.

- 除非**临时有事，这个活动我一定参加。**
  Chúfēi línshí yǒu shì, zhège huódòng wǒ yídìng cānjiā.
  갑자기 급한 일만 생기지 않는다면 이 행사에 나는 꼭 참가한다.

② 只要……就 '~하기만 하면, 반드시'

- 只要**她喜欢**就**可以了。** 그녀가 좋다고하면 된 것이다.
  Zhǐyào tā xǐhuan jiù kěyǐ le.

- **你**只要**一直往前走，**就**能找到地铁站。**
  Nǐ zhǐyào yìzhí wǎng qián zǒu, jiù néng zhǎodào dìtiězhàn.
  앞으로 곧장 가면, 지하철역을 찾을 수 있다.

③ 只有……才 '~해야만, 비로소 ~이다'

只有가 제시하는 조건을 만족시켜야만, 才가 이끄는 결과가 발생함을 나타냅니다.

- 只有**他推荐，**才**能在那个单位工作。**
  Zhǐyǒu tā tuījiàn, cái néng zài nà ge dānwèi gōngzuò.
  그의 추천이 있어야만, 그 회사에서 일할 수 있다.

- 只有**星期天，我**才**不上课。** 일요일에만, 나는 비로소 수업하러 가지 않는다.
  Zhǐyǒu xīngqītiān, wǒ cái bú shàng kè.

④ 一……就 '일단 ~하기만 하면 곧 ~하다'

- 一有足球比赛的消息，他就会去球场看比赛。

  Yì yǒu zúqiú bǐsài de xiāoxi, tā jiù huì qù qiúchǎng kàn bǐsài.

  그는 축구 경기 소식만 있으면 바로 축구장에 가서 경기를 관람한다.

- 他一喝酒就醉。 그는 술만 마시면 바로 취한다.

  Tā yì hē jiǔ jiù zuì.

⑤ 不管 '~하든지 간에'

- 不管天气好不好，大家都要参加春游。

  Bùguǎn tiānqì hǎo bu hǎo, dàjiā dōu yào cānjiā chūnyóu.

  날씨가 좋든 나쁘든, 모두 봄 소풍에 참여해야 한다.

- 不管生在哪里，人都平等。 어디에서 태어나든지 사람은 모두 평등하다.

  Bùguǎn shēng zài nǎli, rén dōu píngděng.

Tip

尽管과 不管의 차이

· 尽管	사실을 나타냄 '설사 ~일지라도'라는 전환 관계를 표시하며, 주로 可是, 然而, 还是, 仍然, 却 등과 호응
	尽管工资不多，我还是愿意当护士。 Jǐnguǎn gōngzī bù duō, wǒ háishi yuànyì dāng hùshi. 설사 월급이 많지 않아도 나는 간호사가 되기를 원한다.
· 不管	가정을 나타냄 '~하든지 간에'라는 조건 관계를 표시하며, 주로 都(也)나 임의의 지칭 什么, 怎么 등과 호응
	不管工资多不多，我都愿意当护士。 Bùguǎn gōngzī duō bu duō, wǒ dōu yuànyì dāng hùshi. 월급이 많든 적든 나는 간호사가 되기를 원한다.

6. **가정 기능**의 접속사를 사용하는 복문

앞 문장에서 발생할 수 있는 일을 전제한 후, 뒷 문장에서 그런 상황이 되었을 때 해야
할 일을 나타냅니다.

如果 rúguǒ	即使 jíshǐ	要是 yàoshi

① 如果 '만약 ~라면'

- 如果下大雪，我们要推迟滑冰比赛。
  Rúguǒ xià dàxuě, wǒmen yào tuīchí huábīng bǐsài.
  만약 많은 눈이 내린다면 우리는 스케이트 경기를 연기해야 한다.

② 即使 '설사 ~라 할지라도'

- 即使我们名列第一，也不应该骄傲。
  Jíshǐ wǒmen míngliè dì yī, yě bù yīnggāi jiāo'ào.
  설사 우리가 1등을 한다 해도, 교만해서는 안 된다.

③ 要是 '만약 ~라면'

- 要是我是你的话，一定买那种迷你裙。
  Yàoshi wǒ shì nǐ dehuà, yídìng mǎi nà zhǒng mǐnǐqún.
  만약 내가 너라면 그 미니스커트를 구입할 것이다.

7. **첨가 기능**의 접속사를 사용하는 복문

'~할 뿐만 아니라, 또 ~하다'라는 뜻으로 어떤 상황이 더 심화되거나 첨가됨을 나타냅
니다.

不但……而且 búdàn …… érqiě

- 她的法语不但发音准确，而且字也写得漂亮。
  Tā de Fǎyǔ búdàn fāyīn zhǔnquè, érqiě zì yě xiě de piàoliang.
  그녀의 프랑스어는 발음이 정확할 뿐만 아니라 글씨도 매우 예쁘게 쓴다.

- 这个东西不但价格便宜，而且质量好。
  Zhège dōngxi búdàn jiàgé piányi, érqiě zhìliàng hǎo.
  이 물건은 가격이 저렴할 뿐만 아니라 품질도 좋다.

8. **선택 기능**의 접속사를 사용하는 복문

두 개 이상의 상황에서 선택될 수 있는 것들을 나타냅니다.

或者	还是	不是······就是
huòzhě	háishi	búshì ····· jiùshì

① 或者 / 还是 '~하거나, 혹은'

或者는 단어, 문장 모두를 연결하지만 **还是**는 단어 연결 기능이 없습니다. 의문문
에서 선택을 표시하는 경우에는 **还是**만을 사용합니다.

- **周末他一般在家休息**或者**见朋友。** 주말에 그는 보통 집에서 쉬거나 친구를 만난다.
  Zhōumò tā yìbān zài jiā xiūxi huòzhě jiàn péngyou.

- **你要喝可乐**还是**喝汽水?** 너는 콜라가 좋니 아니면 사이다가 좋니?
  Nǐ yào hē kělè háishi hē qìshuǐ?
  → **你要喝可乐**或者**喝汽水?** ✕

> 선택을 나타내는 의문문에서는 还是만 써야 합니다.

② 不是······就是 '~이 아니면 ~이다'

고정된 형식으로 많이 쓰여 '앞에 것이 아니면 곧 뒤에 것이다' 혹은 '둘 중 하나는
참이다'라는 뜻을 지닙니다.

- **他**不是**大夫，**就是**护士。** 그는 의사가 아니면 간호사이다.
  Tā búshì dàifu, jiùshì hùshi.

- **他**不是**玩电子游戏，**就是**打太极拳。** 그는 전자오락을 하거나 아니면 태극권을 한다.
  Tā búshì wán diànzi yóuxì, jiùshì dǎ tàijíquán.

9. 열거 기능의 접속사를 사용하는 복문

일반적으로 앞 문장에 제시된 상황에 대한 예를 나열합니다.

比方 bǐfāng	比如 bǐrú

① 比方 '예를 들어'

- 比方说，希腊、意大利、以色列属于地中海国家。
  Bǐfāng shuō, Xīlà、Yìdàlì、Yǐsèliè shǔyú Dìzhōng Hǎi guójiā.
  예를 들어 그리스, 이탈리아, 이스라엘은 지중해에 속한 국가들이다.

② 比如 '예를 들어'

- 唐朝有名的诗人很多，比如说，李白、杜甫、王维等。
  Tángcháo yǒumíng de shīrén hěn duō, bǐrú shuō, Lǐ Bái、Dù Fǔ、Wáng Wéi děng.
  당 시대에는 유명한 시인들이 많았는데, 예를 들면 이백, 두보, 왕유 등이 있다.

10. 서술어 병렬 기능의 접속사를 사용하는 복문

서술어를 병렬하여 두 가지 동작이 같이 이루어짐을 나타냅니다.

一边······ 一边······ yìbiān ······ yìbiān ······	又······又······ yòu ······ yòu ······

① 一边······一边······ '~하면서 ~하다'

- 他一边接电话一边看电视。 그는 전화를 받으면서 텔레비전을 본다.
  Tā yìbiān jiē diànhuà yìbiān kàn diànshì.

② 又······又······ '~하면서 ~하다'

- 这种水果又便宜又好吃。 이런 과일은 가격이 저렴하면서도 맛있다.
  Zhè zhǒng shuǐguǒ yòu piányi yòu hǎochī.

연습은 실전같이!

→ 정답 및 해설 204p

문제 1

다음 문장에서 틀린 곳을 찾아 바르게 고치세요.

(1) 只有努力学习，就能学好英语。

→ _____

(2) 他喜欢打乒乓球还是羽毛球。

→ _____

(3) 既然他替你去，就你不用去吧。

→ _____

(4) 那里自行车骑不快，由于人山人海。

→ _____

문제 2

A, B, C, D 중 주어진 단어가 들어갈 적당한 위치를 고르세요.

(1) 既然你 Ⓐ 来了， Ⓑ 和大家 Ⓒ 一起 Ⓓ 商量吧。　 就

(2) Ⓐ 有 Ⓑ 足球比赛 Ⓒ 消息， Ⓓ 他就去比赛场看比赛。　 一

문제 3

괄호 속에 들어갈 알맞은 글자를 쓰세요.

(1) 他是个努力（　　　　　）聪明的学生。

(2) （　　　　　）没有大学文凭，但是他很有才能。

(3) （　　　　　）工资不多，我还是愿意当护士。

(4) 这个东西不但价格很便宜，（　　　　　）质量也不错。

연습문제
*
정답 및 해설

연습문제

UNIT 01

20p 동사 술어문

문제 1

(1) **해석** 나는 샤오리와 결혼하고 싶어.

해설 일반적으로 이합사는 이미 목적어를 포함하고 있기 때문에 그 뒤에 목적어가 또 올 수 없다. 이것을 방지하기 위해 새로운 목적어는 전치사 跟을 이용하여 앞으로 빼주어야 한다.

→ 我想跟小李结婚。

(2) **해석** 미안해요, 당신을 번거롭게 했네요.

해설 添은 사람·사물 목적어를 한 번에 취할 수 있는 동사가 아니므로 '给 + 사람 + 동사 + 목적어'의 형식으로 바꿔 주어야 한다.

→ 对不起，给你添麻烦了。

(3) **해석** 그는 매일 8시에 일을 시작한다.

해설 동사는 목적어 앞에 와야 한다.

→ 他每天八点开始工作。

(4) **해석** 너는 샤오리를 좀 도와주어야 한다.

해설 帮忙은 이합사이므로 전치사를 이용해 목적어를 앞으로 이동시키거나, 이합사 중간에 '목적어 + 的'의 형식으로 목적어가 위치해야 한다.

→ 你要帮小李的忙。

(5) **해석** 우리 같이 춤춰요.

해설 이합사의 중복 형태는 AAB이다.

→ 我们一起跳跳舞吧。

문제 2

(1) **정답** ⑧

해석 내 여자 친구가 내게 옷을 한 벌 사줬다.

해설 '동사 + 了'는 동작의 완료를 나타내며, 이 경우 뒤에 오는 목적어는 아래와 같이 수식 또는 부가 성분 등을 동반해야 한다. 만약 买了衣服와 같이 쓰이면 '~을 샀는데' 정도에 해당되어 불완전한 문장이 된다.

→ 我的女朋友给我买了一件衣服。 /
→ 我的女朋友给我买衣服了。

＊了의 쓰임: 문장 끝에 了는 새로운 상황의 출현이나 문장이 완결되었음을 나타낸다. 뒤에 있는 목적어에 수식 성분이 있으면 了는 동사 뒤에 쓰여야 한다.

(2) **정답** ⑩

해석 간호사가 그에게 주사를 놓았다.

해설 동사 뒤에 오는 목적어가 단순한 성격을 띠면 了는 목적어 뒤에서 문장의 완결을 표시해야 한다.

→ 护士给他打针了。

문제 3

(1) **정답** 教

해석 션 선생님은 우리에게 중국어를 (가르치신다).

해설 사람 혹은 사물 목적어를 함께 취할 수 있으며 '가르치다'라는 뜻을 지닌 동사는 教이다.

→ 申老师(教)我们汉语。

(2) **정답** 骑

해석 그는 매일 자전거를 (타고) 출근한다.

해설 자전거, 오토바이, 말 등을 '타다'라는 의미를 나타낼 때는 骑를 쓴다.

→ 他每天都(骑)自行车去上班。

UNIT 02

27p 是 / 的 / 在 / 有 문장

문제 1

(1) **해석** 그는 의사가 아니야.

해설 是자문의 부정은 동사 是 앞에 부정사 不를 사용한다.

→ 他不是大夫。

(2) **해석** 나는 친구가 없어.

해설 有자문의 부정은 동사 有 앞에 没를 사용해야 한다.

→ 我没有朋友。

(3) **해석** 그 사람 의사니 아니니?

해설 是不是 형태가 이미 의문의 기능을 가지므로 문장 끝에 의문사 吗를 또 사용할 필요가 없다.

→ 他是不是大夫?

(4) **해석** 그의 신발은 (내가 있는) 여기에 있어.

해설 일반명사나 대명사를 장소를 나타내는 말로 바꾸려면 보통명사 뒤에 방위사 또는 지시대사를 써야 한다.

→ 他的鞋在我这儿。

문제 2

(1) **정답** ⓒ

해석 최근에 그의 중국어 실력은 눈에 띄게 향상되었어.

해설 有가 새로운 상황의 발생이나 출현을 표현할 때는 변화를 나타내는 了를 동반하여 '명사성 어휘 + 有(了) + 동사/명사'의 어순을 이룬다.

→ 最近，他的汉语有了明显的进步。

(2) **정답** ⑧

해석 그 때, 그는 도서관에 없었어.

해설 在의 과거 시점에서의 부정을 나타내려면 在 앞에 没를 써야 한다

→ 那时候他没在图书馆。

문제 3

(1) 정답 的

해석 그 책은 그 사람 (것)이야.

해설 'A는 B의 것이다.' 또는 'A는 B의 성질을 가진 같은 것이다.'를 표현할 때 'A是B的。'의 형식을 사용하면 된다.

→ 那本书是他(的)。

(2) 정답 里

해석 옷은 옷장 (안에) 있어.

해설 보통명사를 장소를 나타내는 말로 바꾸려면 보통명사 뒤에 방위사 또는 지시대사 这儿, 那儿 등을 써준다.

→ 衣服在衣柜(里)。

(3) 정답 没

해석 너 시간이 있니 (없니)?

해설 有자문의 의문문은 有⋯⋯吗? / 没有⋯⋯吗? / 有没有⋯⋯? 의 형태로 만든다. 의문문이나 문장 끝에 吗가 없으므로 정반의문문으로 볼 수 있고 有没有가 되게 没를 추가하면 된다.

→ 你有(没)有时间?

UNIX 03

37p 형용사 술어문

문제 1

(1) 해석 네 얼굴은 정말 희구나.

해설 雪白는 이미 어느 정도 '하얗다'라는 의미를 포함하고 있기 때문에 정도 부사의 수식을 받을 수 없다. 정도 보어를 사용하고 싶다면 雪白에서 雪를 생략해야 한다.

→ 你的脸特别白。

(2) 해석 어제 나는 일이 바빴어.

해설 서술어가 형용사인 경우 과거의 일이라도 실현을 나타내는 조사 了는 붙일 수 없다.

→ 昨天我工作很忙。

(3) 해석 그는 나의 좋은 친구야.

해설 단음절 형용사(몇몇 이음절 형용사)가 관형어로 쓰이면 的를 넣지 않는다.

→ 他是我的好朋友。

(4) 해석 그녀는 간단한 요리를 만들었다.

해설 일반적인 이음절 형용사는 AABB 형태로 중첩한다.

→ 她做了简简单单的菜。

문제 2

(1) 정답 ⓓ

해석 엄마는 눈이 아주 크다.

해설 이음절 형용사는 비교적 몇몇 고정적인 형태를 제외

하고는 일반적으로 가운데 的를 넣어서 다른 성분을 수식한다.

→ 妈妈有一双大大的眼睛。

(2) 정답 ⓒ

해석 나랑 같이 가는 거 어때?

해설 형용사 술어문의 의문문은 ⋯⋯吗? / ⋯⋯不⋯⋯? 로 만든다.

→ 跟我一起去，好不好?

(3) 정답 ⓒ

해석 그 사람 요즘 안 바빠.

해설 형용사 술어문의 부정은 형용사 앞에 不를 사용하면 된다.

→ 他最近不忙。

문제 3

(1) 정답 里

해석 나는 그의 흐리멍덩한 모습이 싫어.

해설 A里AB형 중첩은 미움과 경멸의 의미를 포함한다.

→ 我讨厌他糊(里)糊涂的样子。

(2) 정답 很

해석 그는 어제 (많은) CD를 샀다.

해설 多/少 등은 단독으로 명사를 수식할 수 없으므로 부사와 함께 써야 한다.

→ 他昨天买了(很)多CD。

(3) 정답 地

해석 여자 친구는 만족스럽게 고개를 끄덕인다.

해설 이음절 형용사가 동작이나 변화를 묘사할 때는 형용사 뒤에 地를 써 동사를 수식한다.

→ 女朋友满意(地)点点头。

UNIX 04

43p 명사 술어문

문제 1

(1) 해석 우리 반 학생은 30명이다.

해설 명사는 수량사의 수식을 받을 수 있으나 직접 숫자와 결합하지는 않는다. 수량사와 명사 사이에 양사가 필요하다.

→ 我们班有三十个学生。

(2) 해석 오늘 우리 선생님들은 모두 오시니?

해설 们은 다른 복수를 나타내는 성분들과 함께 쓰이지 않는다.

→ 今天我们的老师都来吗?

(3) 해석 선생님은 지금 중국에 계십니다.

해설 국가명, 지명 뒤에는 방위명사 里를 붙일 수 없다.

→ 老师现在中国。

(4) 해석 내 사진은 그 책가방 안에 있다.

해설 일반명사가 장소를 나타내게 할 때에는 방위명사 里를 써주어야 한다.

→ 我的照片在那个书包里。

문제 2

(1) 정답 ⓑ

해석 내일이 벌써 10월 10일이야.

해설 명사 술어문에서는 부사가 서술어에 올 수 있다.

→ 明天已经十月十号了。

(2) 정답 ⓐ

해석 난 중국 사람이 아니라, 한국 사람이야.

해설 명사 술어문의 부정을 나타내고자 할 때는 是자문을 사용하여 是자문의 부정형식 不是를 쓴다.

→ 我不是中国人，我是韩国人。

문제 3

(1) 정답 上

해석 그는 소파에서 책을 본다.

해설 在, 去, 来가 명사나 대사를 목적어로 가지려면 명사나 대사를 장소를 나타내는 말로 바꿔줘야 하며, 이런 경우에는 보통 명사 뒤에 방위사를 붙인다.

→ 他在沙发(上)看书。

(2) 정답 那儿

해석 나는 선생님이 계신 (그) 곳으로 물건을 가지고 갔다.

해설 在, 来, 去가 명사나 대사를 목적어로 갖기 위해서는 보통명사 뒤에 방위사를 붙여준다.

→ 我要去老师(那儿)拿东西。

(3) 정답 一共

해석 차 세 대에 있는 물건은 (모두) 5만 위안이다.

해설 '모두'라는 의미를 지닌 부사 一共을 사용한다.

→ 三车货(一共)5万块。

UNIT 05

51p 대사를 이용하는 문장

문제 1

(1) 해석 우리가 있는 곳으로 와.

해설 인칭대사나 장소를 나타내지 않는 명사는 这儿, 那儿과 결합하여 장소를 나타낸다.

→ 到我们这儿来吧。

(2) 해석 날씨가 어쩌면 이렇게 덥니?

해설 这样, 那样은 관형어, 서술어, 보어로도 쓰일 수 있지만, 这么, 那么는 부사어로만 쓰인다.

→ 天气怎么热成这样?

(3) 해석 이 사전은 여기에 며칠 동안 놓여져 있던데, 누구 것이니?

해설 它나 它们은 사물이나 사람 이외의 기타 생물을 대신 가리키는 것으로, 실제 언어 환경에서는 대부분 생략되고 잘 사용되지 않는다.

→ 这本词典放在这儿好几天了，是谁的?

(4) 해석 이 셔츠 두 벌은 너무 예뻐서, 사고 싶다.

해설 它나 它们은 사물이나 사람 이외의 기타 생물을 대신 가리키는 것으로, 실제 언어 환경에서는 대부분 생략되고 잘 사용되지 않는다.

→ 这两件衬衫很好看，我很想买。

문제 2

(1) 정답 ⓒ

해석 왕 선생님은 어떤 분이셔?

해설 ……的人을 꾸며주는 관형어가 와야 한다. 这样, 那样은 관형어로 쓰여 '어떤 ~'로 쓰인다.

→ 王老师是一个怎样的人?

(2) 정답 ⓒ

해석 오늘은 어떤 옷을 입으면 좋을까?

해설 '어떤, 어느'를 나타내는 의문대사 哪는 양사와 함께 쓰인다.

→ 今天穿哪件衣服好呢?

문제 3

(1) 정답 什么

해석 그건 (무슨) 잡지야?

해설 명사 앞에서 명사의 특징을 물을 때는 의문대사 什么를 사용한다.

→ 那是(什么)杂志?

(2) 정답 那么

해석 나는 네가 말하는 것만큼 (그렇게) 뚱뚱하지 않다.

해설 형용사 胖을 수식해주는 말이 와야 하므로 부사인 那么를 써준다.

→ 我没有你说的(那么)胖。

(3) 정답 怎么样

해석 그는 노래하는 게 (어떻니)?

해설 모습이나 정도를 나타내고, 보어 역할을 하는 怎么样을 써준다.

→ 他唱歌唱得(怎么样)?

UNIT 06

62p 수사를 이용하는 문장

문제 1

(1) 해설 0이 앞뒤로 있을 경우 0 앞에 마지막 단위는 반드시 읽어야 한다.

→ 四千零六十

(2) 해설 양사 없이 홀로 쓰이거나 마지막 자리 수의 경우 二을 쓴다.

→ 两百二十二 또는 二百二十二

(3) 해설 여기서 减少는 감소를 뜻하는 단어이므로 배수一倍를 함께 쓸 수 없다. 그러므로 一倍를 一半으로 바꾸어야 한다.

→ 人口出生率却减少了一半。

(4) 해설 두 자리 수 이상의 숫자는 반드시 끝자리가 0으로 끝나야 多나 来를 사용할 수 있다. '35개'를 표현하고 싶다면 左右를 사용하면 된다.

→ 三十五个左右

문제 2

(1) 정답 ©

해석 그는 30여 개의 사과를 샀다.

해설 대략적인 수를 표현하기 위해 수사 뒤에 多를 붙여 그 수보다 많음을 표현할 수 있다.

→ 他买了三十多个苹果。

문제 3

(1) 정답 点

→ 零(点)二

(2) 정답 又

→ 五(又)三分之一

(3) 정답 零二六

→ 二(零二六)年

(4) 정답 除以, 等于

→ 四(除以)二(等于)二

UNIT 07

69p 양사를 이용하는 문장

문제 1

(1) 해설 나는 그 사람에게 세 번을 물었어.

해설 목적어가 대사일 경우의 동량사의 위치는 '동사 + 목적어(대사) + 동량사'이다.

→ 我问过他三次。

(2) 해설 거기에 사전 한 권이 있어.

해설 책이나 사전 등을 셀 때의 양사는 本이다.

→ 那儿有一本词典。

(3) 해설 나 그 영화 두 번 봤어요.

해설 趟은 왕래의 횟수를 나타내는 양사로 쓰인다. 영화를 처음부터 끝까지 보았다는 의미의 '차례', '번'은 遍을 사용한다.

→ 那部电影我看了两遍。

(4) 해설 리 선생님은 세 시간 동안 말씀하셨다.

해설 목적어가 있을 경우 시량사는 '동사 + 목적어 + 동사 + 시량사'의 위치에 온다.

→ 李老师讲话讲了三个小时。

문제 2

(1) 정답 ©

해석 그는 한 시간 동안 휴식을 취했다.

해설 '시' 단위의 시간의 양을 표현할 때는 양사를 숫자와 시간의 단위 사이에 써야 한다.

→ 他休息了一个小时。

(2) 정답 ⑩

해석 그녀는 하루 종일 탁구를 쳤다.

해설 목적어가 있을 때 시량사의 위치는 '동사 + 목적어 + 동사 + 시량사'의 순서를 따른다.

→ 她打乒乓球打了一整天。

문제 3

(1) 정답 件

해석 나는 어제 옷 세 (벌)을 샀다.

해설 옷을 세는 양사는 件을 쓴다.

→ 我昨天买了三(件)衣服。

(2) 정답 下

해석 제가 여러분께 소개 (좀) 하겠습니다.

해설 구체적인 동작의 횟수나 어떤 동작을 시도해 봄을 표현할 때는 동량사를 사용해야 한다.

→ 我给大家介绍一(下)。

(3) 정답 请, 假

해석 샤오자오는 5일간의 휴가를 신청했다.

해설 목적어가 있을 때 시량사의 위치는 '동사 + 목적어 + 동사 + 시량사'의 순서를 따라야 하고, 내용상 '5일의 휴가를 썼다'가 자연스러우므로 괄호에 들어갈 단어는 이합사 请假이다.

→ 小赵(请)了五天的(假)。

UNIT 08

77p **의문문**

문제 1

(1) 해석 그녀도 역시 중국어를 배우나요?

해설 '긍정 + 부정' 형태의 의문문에서는 也, 都 등의 부사를 사용할 수 없다.

→ 她也学汉语吗？ / 她学不学汉语？

(2) 해석 이 MP3 살 거예요 안 살 거예요?

해설 조동사가 있는 문장에서의 정반의문문은 조동사를 '긍정 + 부정' 형태로 나타내 의문을 표현한다.

→ 你要不要买这个MP3？

(3) 해석 그는 미국인인가요?

해설 정반의문문에는 문장 끝에 吗를 쓰지 않는다.

→ 他是不是美国人？ / 他是美国人吗？

(4) 해석 너 어떻게 된 거니?

해설 의문사가 쓰일 경우에는 문장 끝에 吗가 올 수 없다.

→ 你怎么了？

문제 2

(1) 정답 ⓒ

해석 당신은 우리와 함께 여행갈 수 있나요?

해설 也, 都 등의 부사는 정반의문문의 뒷부분에 위치할 경우에는 사용 가능하다.

→ 您是不是也跟我们一起去旅行？

(2) 정답 ⓓ

해석 이곳에서부터 너희 집까지는 얼마나 머니?

해설 多를 사용한 특수 의문문으로 '多 + 단음절 형용사'의 형태로 많이 쓰여 '얼마나'라는 뜻을 나타낸다.

→ 从这儿到你家多远呢？

문제 3

(1) 정답 呢

해석 A: 당신은 어느 나라 사람이에요?
B: 저는 한국 사람이에요, 당신은요?

해설 상대방이 한 질문을 똑같이 상대방에게 물어볼 때는 문장 끝에 呢를 사용하여 '~는?'의 어감을 나타낸다.

→ B: 我是韩国人，您(呢)？

(2) 정답 什么

해석 월드컵 축구 대회는 (언제) 시작하니?

해설 '언제'에 해당하는 의문사는 什么时候를 쓴다.

→ 世界杯足球比赛(什么)时候开始？

(3) 정답 哪

해석 (어느) 분이 미국인입니까?

해설 哪는 '어느'라는 뜻으로 보통 뒤에 양사가 온다. 여기서는 位와 어울려 '어느 분'이라는 뜻을 나타낸다.

→ (哪)位是美国人？

UNIT 09

86p **조동사를 이용하는 문장**

문제 1

(1) 해석 그는 내일 가고 싶어 하지 않아, 오늘 가고 싶어해.

해설 要(~하고 싶다)의 부정은 不想이다. 참고로 不要는 '~하지 마라'라는 의미를 지닌다.

→ 他不想明天去，要今天去。

(2) 해석 나 베이징 카오야가 정말 먹고 싶어.

해설 '주어 + (정도)부사 + 조동사 + 동사'의 순으로 부사는 조동사 앞에 온다.

→ 我非常想吃北京烤鸭。

(3) 해석 너 휴대전화 사고 싶니 안 사고 싶니?

해설 조동사가 있는 문장의 정반의문문은 동사가 아닌 조동사의 긍정형과 부정형을 나열해 만든다.

→ 你想不想买手机？

(4) 해석 그는 이렇게 하는 것을 원하지 않아.

해설 조동사가 있는 문장의 부정문은 부정부사 不로 부정합니다.

→ 他不愿意这么做。

문제 2

(1) 정답 ⓑ

해석 너 나에게 시집 오고 싶니? 난 평생 널 행복하게 해줄 수 있는데.

해설 조동사는 동사 앞에 위치해야 한다.

→ 你愿意嫁给我吗？我保证会让你一辈子都幸福。

(2) 정답 ⓓ

해석 외국 생활이 정말 너무 힘들어서, 그들은 모두 일찍 귀국하고 싶어했다.

해설 조동사는 부사 뒤에 와야 한다.

→ 在国外生活真的是太困难了，他们都想早点回国。

(3) 정답 ⓑ

해석 내 남동생은 밥을 할 줄 모른다.

해설 부정사는 조동사 앞에 두어야 한다.

→ 我弟弟不会做饭。

문제 3

(1) **[정답]** 能

[해석] 그녀는 1분 동안 500자를 칠 (수 있어).

[해설] 능력이 일반적인 수준보다 높음을 나타낼 때는 能을 사용한다.

→ 她一分钟(能)打五百个字。

(1) **[정답]** 不

[해석] 그 사람은 발음에 신경 안 써도 되겠어.

[해설] 조동사 要의 부정은 不用을 사용합니다.

→ 他(不)用注意发音。

UNIT 10

[95p] 시제를 나타내는 문장

문제 1

(1) **[해석]** 나는 그와 함께 왔다.

[해설] 是……的 강조 구문을 써 과거의 방식을 강조할 수 있다.

→ 我是跟他一起来的。

(2) **[해석]** 그녀는 나에게 넥타이 하나를 사주었다.

[해설] 동작의 완성을 나타낼 때는 '동사 + 了 + (수식어가 있는) 목적어'의 형식을 취한다.

→ 她给我买了一条领带。

(3) **[해석]** 그녀는 지금 친구에게 편지를 쓰는 중이다.

[해설] 진행을 나타내는 正在는 전치사 앞에 위치해야 한다.

→ 她正在给朋友写着信呢。

(4) **[해석]** 어렸을 때 나는 자주 스키를 타러 갔다.

[해설] 과거의 일이더라도 常常처럼 반복적이고 습관적으로 일어난 일에는 了는 붙지 않는다.

→ 小时候，我常常去滑雪。

(5) **[해석]** 그녀는 시계를 가지고 있지 않다.

[해설] 상태의 지속을 나타내는 동작에 着가 있으면 没를 써서 부정한다.

→ 她没带着表。

문제 2

(1) **[정답]** Ⓑ

[해석] 누나는 새 신발 한 켤레를 샀다.

[해설] 목적어에 수식어가 있고 동작의 완성을 나타낼 때는 동사 뒤에 동태조사 了를 붙인다.

→ 姐姐买了一双新鞋。

(2) **[정답]** Ⓑ

[해석] 그녀는 지금까지 중국에 가본 적이 없다.

[해설] 과거의 경험을 부정할 때는 '没 + 동사 + 过'의 형식을 취한다.

→ 她从来没去过中国。

문제 3

(1) **[정답]** 呢

[해석] 그들은 농구를 하고 있다.

[해설] 正(在)를 통해 동작의 진행을 표현하는 문장은 일반적으로 문장 끝에 呢가 온다.

→ 他们正打篮球(呢)。

(2) **[정답]** 了

[해석] 선생님은 곧 오실 거야.

[해설] '快要……了'는 가까운 미래를 나타내는 고정 형식이다.

→ 老师快要来(了)。

(3) **[정답]** liǎo

[해석] 할 수 있다

[해설] '동사 + 得了' 형식은 어떤 일에 대한 가능여부를 나타내며 이 때 了는 반드시 'liǎo'라고 읽어야 한다.

→ zuò de (liǎo)

UNIT 11

[105p] 부사를 이용하는 문장

문제 1

(1) **[해석]** 그들은 모두 건강하니?

[해설] 서술어에서 身体가 의미상의 주어 역할을 하므로 부사 都의 위치는 전체 문장의 주어가 아닌 의미상의 주어 身体 뒤에 두어야 한다.

→ 他们身体都好吗？

(2) **[해석]** 상하이에는 그 며칠간 비가 계속 내렸어.

[해설] 一直처럼 동작이 줄곧 지속됨을 나타내는 말이 있을 경우에는 了를 붙이지 않는다.

→ 上海那几天一直下雨。

(3) **[해석]** 어렸을 때 나는 자주 스케이트를 타러 갔어.

[해설] 과거의 일이라도 常常처럼 동작이 반복적(일상적)으로 일어났음을 의미하는 말이 있는 경우에는 了를 쓸 수 없다.

→ 小时候，我常常去滑冰。

(4) **[해석]** 우리는 좀 더 기다려야 해, 바로 안 가.

[해설] 일부 부사는 부정사를 반드시 부사 앞에 써야 한다.

→ 我们还要等一会儿，不马上走。

문제 2

(1) **정답** ©

해석 샤오리는 이미 다시는 남자 친구를 사귀지 않기로 결심했어.

해설 再는 빈도를 나타내는 부사로 아직 실현되지 않은 동작에 쓰여 '또', '다시'라는 뜻을 나타낸다. 부정부사가 있으면 그 뒤에 위치한다.

→ 小李已决定不再找男朋友了。

(2) **정답** ⑧

해석 내 생각에 그 사람은 반드시 나를 믿을 거야.

해설 부사는 종속절 안의 주어 他의 뒤, 조동사 会 앞에 와야 한다.

→ 我觉得他一定会相信我的。

(3) **정답** ⑩

해석 샤오왕은 지난주에 감기에 걸렸었는데, 어떻게 이번 주에 또 병이 났어?

해설 又는 본인의 이전 동작과 같음을 나타낸다. 지난 주에 병이 났었는데 이번 주에 또 났다는 뜻이며, 동사 앞에 위치하여 반복을 강조한다.

→ 小王上星期感冒了，这星期怎么又病了？

(4) **정답** ©

해석 나의 노력은 헛것이 아니었어, 나는 결국 바라던 대학에 합격했어.

해설 부사 终于는 주어 뒤, 서술어 앞에 위치해야 한다.

→ 我的努力没有白费，终于考上理想的大学了。

문제 3

(1) **정답** 才

해석 나는 오늘 10시 반에 (비로소) 일어났어.

해설 시간의 늦음을 표현할 때 才를 사용한다. 위치는 동사 앞이다.

→ 我今天十点半(才)起来。

(2) **정답** 就

해석 그녀는 3살에 (이미) 피아노를 배우기 시작했어.

해설 3살에 피아노를 배우기 시작한 것은 매우 이른 것이므로, 시간의 이름을 나타내는 就를 사용해야 한다. 위치는 동사 앞이다.

→ 她三岁(就)开始学弹钢琴。

UNIT **12**

113p 전치사를 이용하는 문장

문제 1

(1) **해석** 도서관은 여기에서 멀지 않다.

해설 시간이나 장소의 시작점을 나타낼 때는 离를 사용하며, 보통 '거리가 어떠하다'라는 서술어를 동반한다.

→ 图书馆离这儿不太远。

(2) **해석** 그는 나에게 매우 깍듯하게 행동해.

해설 对于 뒤에는 사람을 나타내는 대상이 오지 않으며, 사람을 나타내는 대상이 올 경우에는 对를 써서 표현한다.

→ 他对我很客气。

(2) **해석** 엄마는 나에게 스웨터를 한 벌 떠주셨다.

해설 동사가 있을 때 给는 전치사로 쓰인 것이므로 给 뒤에 명사(我)를 추가해 주어야 한다.

→ 妈妈给我打了一件毛衣。

문제 2

(1) **정답** Ⓐ

해석 그는 도서관에서 책을 본다.

해설 이 문장에서 '在'는 전치사로서 '~에서'의 의미를 나타낸다.

→ 他在图书馆看书。

(2) **정답** ⑧

해석 연필을 제외하고 그는 모든 학습도구를 가져왔다.

해설 '除了……以外'는 '~이외에도'라는 뜻의 전치사이다. 가운데 명사가 온다.

→ 除了铅笔以外其他学习工具他都带来了。

(3) **정답** ⑧

해석 내가 너의 자전거로 출근해도 되겠니?

해설 用은 방식을 표현하는 전치사로 '~을 이용하여'라는 뜻이다.

→ 我可以用你的自行车上班吗？

문제 3

(1) **정답** 在

해석 내 남동생은 일본(에서) 유학을 한다.

해설 장소를 나타내는 전치사 在가 '일본'이라는 명사 앞에 와야 한다.

→ 我的弟弟(在)日本留学。

(2) **정답** 跟

해석 나는 선생님(과) 대학진학 문제를 상의하려 한다.

해설 '~와 함께'라는 의미를 지닌 跟을 써준다.

→ 我想(跟)老师商量上大学的问题。

(3) 정답 除了

해석 축구 (외에) 그는 농구와 탁구도 좋아한다.

해설 '~를 제외하고는, ~이외의'라는 뜻을 지니는 '除了……以外'를 써주어 그가 축구 외에도 농구와 탁구도 좋아함을 나타낸다.

→ (除了)足球以外, 他还喜欢篮球和乒乓球。

UNIT 13

125p 조사를 이용하는 문장

문제 1

(1) 해석 아주 잘했어. 난 너에 대해 지금까지 실망해 본 적이 없어.

해설 정도보어는 구조조사 得를 사용해야 한다.

→ 你做得很好, 我对你从来没失望过。

(2) 해석 난 서점에 안 갈 거야.

해설 부정형에서는 동태조사 了를 사용하지 않지만, 어기조사 了는 가능하다.

→ 我不去书店了。

(3) 해석 나 수영할 줄 알아.

해설 조동사 뒤에는 了를 쓰지 않는다.

→ 我会游泳。

문제 2

(1) 정답 ⓓ

해석 이런 종류의 물품은 중국 북방지역에서 생산되는 것이다.

해설 '是……的' 구문을 나타내는 문장으로 강조하고자 하는 내용을 '是……的' 사이에 넣어 표현하면 된다.

→ 这种产品是中国北方地区所生产的。

(2) 정답 ⓑ

해석 나는 옷 세 벌을 샀어.

해설 동태조사 了는 동사 바로 뒤에 써야 한다.

→ 我买了三件衣服。

(3) 정답 ⓑ

해석 그들은 보고 또 봐도 별다른 반응이 없었다.

해설 동사 중첩 시 '동사 + 了 + 동사'의 형식으로 표현할 수 있다.

→ 他们看了看也没什么反应。

문제 3

(1) 정답 呢

해석 그 사람 지금 보고 있어.

해설 현재 진행을 표시하는 '正……呢' 구조를 사용한다.

→ 他正看着(呢)。

(2) 정답 地

해석 출퇴근 러시아워에는 조심해서 천천히 운전해야 한다.

해설 형용사가 부사어가 되어 동사를 수식할 때는 地를 사용해야 한다.

→ 上下班高峰期, 开车要小心, 慢慢(地)开。

(3) 정답 啊

해석 가엾기도 해라!

해설 감탄을 나타내는 어기를 표현하는 啊를 사용한다.

→ 多可怜(啊)!

(4) 정답 吧

해석 우리 가자.

해설 명령문에 첨가되어 명령이나 건의의 어조를 부드럽게 해주는 어기조사는 吧이다.

→ 咱们走(吧)!

UNIT 14

129p 명령문과 감탄문

문제 1

(1) 해석 저를 따라 오세요.

해설 请은 문장 앞에 쓰여 부드러운 권유나 명령을 나타낸다.

→ 请跟我来。

(2) 해석 담배 피우지 마세요.

해설 행동을 제지하는 명령문에서는 일반적으로 문장 끝에 吧를 사용하지 않는다.

→ 别抽烟。

문제 2

(1) 정답 ⓓ

해석 황산의 풍경이 얼마나 아름다운가!

해설 多么는 형용사 앞에 쓰여 감탄을 나타낸다.

→ 黄山的风景多么美呀!

(2) 정답 ⓓ

해석 맥주 좀 가져다 주세요.

해설 명령문처럼 미래를 나타내는 문장에서의 来는 문장 끝에 사용해야 한다.

→ 请拿啤酒来。

문제 3

(1) 정답 多么

해석 (얼마나) 아름다운가!

해설 多么는 형용사 앞에 쓰여 감탄문을 만들어주는 기능을 한다.

→ (多么)漂亮啊!

(2) 정답 不要/不用

해석 격식 차리지 (마세요).

해설 행동을 제지할 때 동사의 앞에는 別나 不要를 붙인다.

→ 別客气。= (不要/不用)客气。

UNIT 15

136p 결과보어를 이용하는 문장

문제 1

(1) 해석 너희들은 작업 안배가 끝났니 안 끝났니?

해설 여기서 好는 '좋다'라는 뜻이 아니라 동사 뒤에 쓰여 동작이 끝난 상태가 양호함을 나타내는 결과보어이다. 결과보어의 부정은 반드시 没有라고 해야 한다.

→ 你们安排好工作没有?

(2) 해석 나는 그 소설을 다 읽었다.

해설 동작이 완전히 끝났음을 표시할 때는 동사 뒤에 결과보어 完을 붙여 나타낸다.

→ 我看完了那本小说。

(3) 해석 이 이야기를 나는 못 알아듣겠다.

해설 결과보어의 부정은 没로 한다.

→ 这个故事我没听懂。

(4) 해석 네가 정확하게 쓰지 않으면 우리가 어떻게 알아보겠니?

해설 결과보어의 부정형식은 동사 앞에 没(有)나 不를 써야 한다. 특히 문제처럼 조건문의 경우에는 不를 이용해 부정형식을 나타낸다.

→ 你不写清楚, 我们怎么能看懂?

문제 2

(1) 정답 ⓒ

해석 아침 8시부터 저녁 7시까지 일한다.

해설 工作와 같은 동작이 언제부터 혹은 어디까지 진행되는가를 나타낼 때 동사 뒤에 결과보어 到를 사용한다.

→ 从早上八点工作到晚上七点。

(2) 정답 ⓓ

해석 이 문장을 넌 알아볼 수 있겠니?

해설 결과보어가 있는 문장의 정반의문문은 '동사 + 결과보어 + 了 + 没(有)? '의 형태를 써야 한다.

→ 这篇作文你看懂了没有?

(3) 정답 ⓒ

해석 이 문장을 넌 알아볼 수 있겠니?

해설 결과보어가 있는 문장의 정반의문문은 '주어 + 동사 + 결과보어 + 没(有) + 동사 + 결과보어? '의 형태를 써야 한다.

→ 这篇作文你看懂没看懂?

문제 3

(1) 정답 上

해석 창문 좀 닫아 주세요.

해설 '창문을 닫다'는 벌려져 있던 것이 부착됨을 의미하므로 결과보어 上을 써주어야 한다.

→ 请你们关(上)窗户。

(2) 정답 住

해석 배웠던 단어를 학생들은 마땅히 기억하고 있어야 한다.

해설 동작이 머무르거나 고착화됨을 나타낼 때는 결과보어 住를 사용한다.

→ 学过的生词学生们都应该记(住)。

(3) 정답 开

해석 숙제가 끝나고 그는 라디오를 틀어 잠시 음악을 들었다.

해설 보어로 쓰인 开는 목적물을 원래의 장소에서 분리시키거나 떼어 놓음을 나타낸다. 라디오가 꺼져 있던 상태에서 켜진 상태로 상황이 분리되었으므로 开를 사용한다.

→ 做完作业, 他就打(开)收音机, 听了一会儿音乐。

UNIT 16

143p 가능보어 / 정도보어를 이용하는 문장

문제 1

(1) 해석 그녀는 오늘 아침 일찍 일어났다.

해설 정도보어는 동사 바로 뒤에 위치해야 한다. 위의 문제처럼 목적어가 있을 경우에는 일반적으로 목적어 뒤에 동사를 한 번 더 사용해서 정도보어를 이끌어 준다.

→ 她今天早上起床起得很早。

(2) 해석 그녀는 어릴 적 집안이 매우 가난해서 고등학교에 갈 수 없었다.

해설 경제적인 능력이 부족하여 '~를 할 수 없다'라는 뜻을 지닌 가능보어의 부정형태는 '……不起'를 써야 한다.

→ 她小的时候家里很穷, 上不起高中。

(3) 해석 아래 세 가지 경우 참조

해설 이 문장은 결과, 정도, 가능보어 모두의 부정형으로 바꾸어 쓸 수 있는 문장으로 아래 세 가지 경우 모두 가능하다.

＊ 가능보어일 경우

→ 金先生讲不清楚。

진 선생님은 분명하게 말할 수 없었다.

＊ 정도보어일 경우

→ 金先生讲得不清楚。

진 선생님의 말은 분명하지 않았다.

∗ 결과보어일 경우

→ 金先生没讲清楚。
  진 선생님은 분명히 말하지 않았다.

(4) 해석 그는 늦게 왔니 늦지 않게 왔니?
  해설 정도보어가 있는 정반의문문의 경우 보어 부분을 반복해 준다.

→ 他来得晚不晚？

문제 2

(1) 정답 Ⓓ
  해석 네가 그 사람을 불렀지만 그 사람은 듣지 못했어.
  해설 가능보어의 형식은 '동사 + 得/不 + 보어'이다.

→ 你叫他，他听不见了。

(2) 정답 Ⓒ
  해석 내 손에 어떤 물건이 있는지 너 맞힐 수 있어?
  해설 '동사 + 得/不 + 보어'에서 어떤 목적의 달성(주로 무엇을 찾다/얻어내다)을 나타내는 着(zháo)가 필요하다.

→ 我手里拿的是什么东西，你猜得着吗？

(3) 정답 Ⓐ
  해석 동동은 운전을 매우 빠르게 한다.
  해설 정도보어는 동사 바로 뒤에 위치해야 하는데, 목적어가 있을 경우에는 일반적으로 목적어 뒤에 동사를 한 번 더 사용해서 정도보어를 이끌어 준다.

→ 冬冬开车开得很快。

문제 3

(1) 정답 很
  해석 그녀는 매우 유창하게 말한다.
  해설 정도보어로 쓰인 형용사는 일반적으로 앞에 很을 써 준다.

→ 她说得(很)流利。

(2) 정답 下
  해석 이 교실은 비교적 커서 50명은 앉을 수 있어.
  해설 가능보어에서 공간의 수용능력을 나타낼 때는 보어로 下를 사용한다.

→ 这个教室比较大，坐得(下)五十个人。

(3) 정답 了
  해석 이렇게 많은 요리를 난 정말 다 먹을 수 없다.
  해설 음식이 많아서 다 먹을 수 없다는 표현을 하려면 가능보어 吃不了를 써야 한다.

→ 这么多的菜，我实在吃不(了)。

UNIT 17

151p 방향보어를 이용하는 문장

문제 1

(1) 해석 3반의 학생은 다시 노래를 부르기 시작했다.
  해설 唱歌는 '동사 + 목적어'로 이루어진 이합사로, 방향보어 사용 시 동사인 唱 뒤에 起를 써주어야 한다. 아울러 歌와 같이 이동할 수 없는 목적어나 장소 관련 목적어는 반드시 来나 去 앞에 와야 한다.

→ 3班同学又唱起歌来了。

(2) 해석 그녀는 영국으로 돌아왔다.
  해설 방향보어에 있어 영국과 같이 장소를 나타내는 목적어는 동사와 来, 去 사이에 위치해야 한다.

→ 她回到英国来了。

(3) 해석 나는 도서관에서 책 한 권을 빌려 왔다.
  해설 목적어가 있을 때 방향보어 来/去의 위치는 목적어의 앞뒤에 모두 올 수 있다.

→ 我从图书馆借了一本书来。 /
  我从图书馆借来了一本书。

문제 2

(1) 정답 Ⓒ
  해석 그 두 사람은 도서관으로 들어갔나요?
  해설 장소를 나타내는 목적어는 방향보어 来나 去 앞에 온다.

→ 他们俩进图书馆去了吗？

(2) 정답 Ⓑ
  해석 눈이 오기 시작한다.
  해설 起来는 동사 뒤에 쓰여 어떤 일이 시작됨을 의미하는 방향보어로 쓰인다. 문제에서는 동사가 下이므로 그 다음 위치에 써 주며, 목적어 雪는 起来 중간에 써 주면 된다.

→ 下起雪来了。

(3) 정답 Ⓒ
  해석 그는 이미 수수께끼의 답을 알아냈다.
  해설 방향보어 出는 동사 뒤에 쓰이면 밖으로 나오거나 또는 드러냄을 나타낸다.

→ 他已经猜出谜语的谜底了。

문제 3

(1) 정답 起
  해석 나는 그 일이 생각났다.
  해설 어떤 일이 일어남 또는 시작됨을 표시할 때는 동사 뒤에 起를 사용한다.

→ 我想(起)了那件事。

(2) 정답 回

해석 이 연필을 원래 있던 자리에 갖다 놓으세요.

해설 본래 장소로 돌아옴을 표시하는 回가 필요하다.

→ 把这支铅笔放(回)原处。

(3) 정답 下来

해석 저의 이름을 적어주세요.

해설 방향보어 下来는 기억이나 필기 등을 통해 기록을 남긴다는 어감을 갖고 있다.

→ 请把我的名字记(下来)。

(4) 정답 开

해석 나는 너를 떠날 수 없다.

해설 방향보어 开는 분리됨 / 전개되어 나감을 나타낸다.

→ 我不能离(开)你。

UNIT 18

155p 수량보어를 이용하는 문장

문제 1

(1) 해석 이 노래를 나는 세 번이나 불렀다.

해설 了, 过 등이 있으면 수량보어는 그 뒤에 와야 한다.

→ 这首歌儿我唱了三次。

(2) 해석 나는 농구를 한 번 해보았다.

해설 목적어가 일반 목적어일 경우 수량보어는 일반적으로 목적어 앞에 위치한다.

→ 我打过一次篮球。

(3) 해석 나는 그를 꽤 여러 번 보았다.

해설 목적어가 대사일 경우 수량사는 반드시 그 뒤에 위치해야 한다.

→ 我见过他好几次。

문제 2

(1) 정답 ©

해석 나는 너를 2시간이나 기다렸다.

해설 목적어가 있을 경우 '동사 + 목적어' 뒤에 다시 한 번 동사를 써주고, 이 두 번째 동사 뒤, 수량보어 앞에 了를 써준다.

→ 我等你等了两个小时。

(2) 정답 ©

해석 샤오왕은 한국어를 조금 할 줄 한다.

해설 일반적인 목적어가 올 경우 수량보어는 동사 바로 뒤에 와야 한다.

→ 小王会说一点儿韩语。

(3) 정답 ©

해석 그는 벤츠를 세 번 타 보았다.

해설 목적어가 일반 목적어일 경우 수량보어는 일반적으로 목적어 앞에 위치한다.

→ 他坐过三次奔驰。

UNIT 19

160p 비교를 나타내는 문장

문제 1

(1) 해석 올해는 작년보다 덥지 않다.

해설 比를 사용한 비교문은 比 바로 앞을 부정해 준다.

→ 今年不比去年热。

(2) 해석 그의 키는 나보다 크다.

해설 비교문에서는 非常, 很 등의 정도 부사를 사용할 수 없다.

→ 他的个子比我高。

(3) 해석 시안은 쿤밍처럼 그렇게 따뜻하지 않다.

해설 有/没有를 이용한 비교문에서는 还, 更과 같은 부사를 사용할 수 없다.

→ 西安没有昆明那么暖和。

(4) 해석 너는 그 사람만큼 성실하지 않아.

해설 有/没有를 이용한 비교문에서 서술어 뒤에 一点儿이나 정도보어 得多의 형태가 올 수 없다.

→ 你没有他认真。

문제 2

(1) 정답 ⑩

해석 이 책이 저 책보다 더 두껍다.

해설 还는 형용사 바로 앞에 쓰여서 형용사를 수식한다.

→ 这本书比那本还厚。

(2) 정답 ⑩

해석 샤오리의 영어는 우리 누나만큼 그렇게 유창한가요?

해설 '有(没有) + 那么(这么) + 형용사'의 공식처럼 那么(这么) 등은 비교하는 형용사 앞에 사용해야 한다.

→ 小李说英语有我姐姐说得那么流利吗?

(3) 정답 ©

해석 오늘의 환율은 어제 것과는 다르다.

해설 跟을 이용한 비교문을 부정할 때는 보통 不一样으로 한다.

→ 今天的汇率跟昨天的不一样。

문제 3

(1) 정답 那么

해석 한국어는 영어만큼 (그렇게) 어렵지 않아요.

해설 비교하는 대상이 비교적 멀기 때문에 那么를 쓴다.

→ 韩语没有英语(那么)难。

(2) 정답 比

해석 날마다 점점 더 멋있어지는군.

해설 '명사 + 比 + 명사'는 '점점 더 ~해지다'라는 뜻의 관용어이다.

→ 一天(比)一天帅！

(3) 정답 跟

해석 내 태블릿PC의 크기는 너의 것과 똑같다.

해설 '跟……一样'은 '~와 같다'라는 의미를 지니며 고정 형식으로 쓰인다.

→ 我的平板电脑的大小(跟)你的一样。

(4) 정답 比

해석 서울의 인구는 해마다 증가한다.

해설 比의 앞뒤에 [一 + 시간사]가 중복되면, 어떤 사람이나 사물의 상태가 시간의 흐름에 따라 그 정도가 심화됨을 나타내는 관용구가 된다.

→ 首尔的人口一年(比)一年多。

UNIT 20

166p 연동문과 겸어문

문제 1

(1) 해석 어제 나는 슈퍼마켓에 가서 건전지 2개를 샀다.

해설 연동문에서 了는 두 번째 동사에만 붙일 수 있다.

→ 昨天我去超级市场买了两个电池。

(2) 해석 나는 물건을 사러 간다.

해설 연동문에서 첫 번째 동사는 중복할 수 없다.

→ 我上街买东西。

(3) 해석 너 영화 보러 갈래 안 갈래?

해설 연동문의 정반의문문은 앞의 동사를 반복해야 한다.

→ 你去不去看电影？

(4) 해석 그 일로 선생님이 아주 곤란해 하실 거야.

해설 겸어문에서 조동사는 일반적으로 겸어문의 첫 번째 동사 앞에 쓴다.

→ 那件事会叫老师感到十分为难。

문제 2

(1) 정답 Ⓑ

해석 그의 말은 나를 화나게 했다.

해설 주어의 목적어, 뒤에 있는 서술어의 주어가 되는 말

의 앞에 온다.

→ 他的话使我十分生气。

(2) 정답 Ⓑ

해석 공장장은 직원들에게 각자의 생각을 말하게 하였다.

해설 겸어문에서 시태조사는 일반적으로 두 번째 동사 뒤에 붙여야 한다.

→ 厂长让工人们谈了各自的想法。

(3) 정답 Ⓐ

해석 우리는 그를 초대하지 않았다.

해설 겸어문에서 부정부사는 일반적으로 첫 번째 동사 앞에 온다.

→ 我们没请他来。

(4) 정답 Ⓒ

해석 모두 말씀을 삼가세요.

해설 겸어문에서 행동의 제지를 나타낼 경우 두 번째 동사 앞에 부정부사를 써준다.

→ 请大家不要说话。

문제 3

(1) 정답 坐, 去

해석 나는 내일 비행기 (타고) 광저우에 (가).

해설 '비행기를 타다'라는 동사와 '광저우에 가다'라는 동사를 차례로 써주어야 한다.

→ 我明天(坐)飞机(去)广州。

(2) 정답 当

해석 학우들이 나를 반장으로 선출했어.

해설 자주 쓰이는 겸어문 형식 중 '~를 ~(으)로 뽑다'에는 选……当이 있다.

→ 同学们一致选我(当)班代表。

UNIT 21

173p 把자문 / 被자문

문제 1

(1) 해석 나는 그런 종류의 잡지 보는 것을 좋아한다.

해설 喜欢과 같은 심리나 감각을 나타내는 동사는 把자문을 이용할 수 없다.

→ 我喜欢看那种杂志。

(2) 해석 그는 아직까지도 그 DVD를 다 보지 못했다.

해설 把자문에서 부정부사는 반드시 把 앞에 와야 한다.

→ 他还没把那张DVD看完。

(3) 해석 침대 좀 빨리 정리해라!

해설 把자문에 쓰이는 서술어는 단독으로 올 수 없으며 반드시 기타성분이 함께 나와야 한다.

→ 快把床收拾收拾！/ 快把床收拾一下！

(4) **해석** 그 소설은 어제 누군가가 빌려갔다.

해설 被자문(피동문)에서 피동의 대상은 임의의 것이 아닌 지정된 것이어야 한다. 그래서 一本 대신 那本으로 바꿔줘야 한다. 뒤에 오는 동사 또한 단순한 성격을 지녀서는 안 되고 반드시 기타성분이 있어야 한다. 따라서 借 뒤에 走 등을 붙여야 완전한 문장을 이룰 수 있다.

→ 那本小说昨天让人借走了。

문제 2

(1) **정답** ⑧

해석 그 세 권의 사전을 제게 건네 주세요.

해설 把자문에 쓰이는 목적어는 구체적으로 지정된 것이어야 하고, 목적어 앞에 把를 붙여 동사 앞으로 이끌어 냅니다.

→ 请把那三本辞典递给我。

(2) **정답** ⑧

해석 그 소설은 다른 사람이 빌려가지 않았다.

해설 被자문에서 부정부사는 被 바로 앞에 사용해야 한다.

→ 那本小说没被人借走。

(3) **정답** ⑧

해석 회사가 그를 쫓아냈다. (그는 회사에서 해고되었다.)

해설 被자문의 기본형식은 '동작의 대상 + 被 + 동작의 주체 + 동사 + 기타성분'이며, '쫓아내다'라는 동작의 주체는 회사이다.

→ 他被公司开除了。

문제 3

(1) **정답** 被

해석 유학생들 중에 '라오리'라고 불리는 사람은 저 학생이다.

해설 (   )称为의 (   )에는 원래 被人의 형태가 들어가야 하지만, 한 글자만 써야 하므로 人은 생략하고 被만 써준다.

→ 留学生中(被)称为"老李"的是那个学生。

(2) **정답** 被

해석 유학생들에 의해 '라오리'라고 불리는 사람은 저 학생이다.

해설 동작의 대상이 유학생이므로 그 앞에는 被가 와야 한다.

→ (被)留学生们称为"老李"的是那个学生。

UNIT 22

178p 존현문

문제 1

(1) **해석** 한 폭의 그림이 방 안에 걸려 있다.

해설 존현문의 기본 형태는 '장소 + 동사 + 임의의 사물/사람'이다.

→ 房间里挂着一幅画儿。

(2) **해석** 앞에서 자동차 한 대가 오고 있다.

해설 존현문에서는 반드시 지정된 것이 아닌 '임의의 사물/사람'이 와야 한다.

→ 前面开过来一辆汽车。

(3) **해석** 하늘에 태양이 나타났다.

해설 존현문에서는 전치사가 필요한 듯 보이지만 절대로 사용해서는 안 된다.

→ 天上出现了太阳。

(4) **해석** 베이징에는 어제 한바탕 비가 내렸다.

해설 존현문의 기본형식은 '장소 또는 시간 + 동사 + 사람이나 사물'이다.

→ 北京昨天下了一场大雨。

문제 2

(1) **정답** ©

해석 뒤에서 세 사람이 걸어온다.

해설 존현문에서는 예외적으로 방향보어의 来/去 뒤에 사람이나 사물이 온다는 점에 유의해야 한다.

→ 后面走过来三个人。

(2) **정답** ©

해석 어제 우리 반에서 한 학생이 전학 갔다.

해설 존현문의 기본형식인 '장소 또는 시간 + 동사 + 임의의 사물/사람'을 기억한다면 풀 수 있는 문제이다.

→ 昨天我们班走了一个同学。

(3) **정답** ⑧

해석 공원 입구에는 차가 세워져 있지 않다.

해설 존현문의 부정형은 동사 앞에 没를 사용한다.

→ 公园门口没停着车。

문제 3

(1) **정답** 着

해석 문패에 외국인의 이름이 새겨져 있다.

해설 존현문에서는 동사 뒤에 의미에 따라 着, 了, 过, 방향보어 등을 붙이는 경우가 많다. 여기에서는 의미상 지속의 어감을 나타내는 着가 와야 한다.

→ 门牌上刻(着)外国人的名字。

(2) 정답 来

해석 앞에서 한 분의 노인이 걸어온다.

해설 앞에서 한 노인이 다가오고 있는 상황이므로 접근을 나타내는 방향보어인 来를 쓰는 것이 적합하다.

→ 前面走过来一位老人。

(3) 정답 放着

해석 집 안에는 많은 책들이 놓여 있다.

해설 着는 동사 뒤에 붙어 동작의 진행이나 지속되는 상황을 나타낸다.

→ 屋子里(放着)很多书。

UNIT 23

189p **접속사와 복문**

문제 1

(1) 해석 열심히 공부해야 비로소 영어를 잘 배울 수 있다.

해설 只有……才는 고정형식으로 '~해야만 비로소 ~하다'라는 뜻을 지니며, 只要……就 역시 고정형식으로 '~하기만 하면 ~하다'라는 뜻을 지닌다. 따라서 주어진 문장은 다음의 형태로 바꾸어야 맞는 것이다.

→ 只有努力学习，才能学好英语。 /
只要努力学习，就能学好英语。

(2) 해석 그는 탁구나 배드민턴 치는 것을 좋아한다.

해설 '또는'이라는 의미를 가지고 있는 것 중에서 或者는 평서문에, 还是는 의문문에 쓰인다. 또한 还是에는 단어 연결 기능이 없으므로 或者로 바꾸어야 한다.

→ 他喜欢打乒乓球或者羽毛球。

(3) 해석 기왕 그가 너를 대신해서 출발했으니, 너는 가지 말아라.

해설 既然……就는 이미 일어난 현상에 대한 수긍을 나타내며 '기왕 이렇게 된 이상, ~하도록 하자'라는 뜻을 가진다. 이 때 앞, 뒤 문장에 오는 就는 반드시 주어의 뒤에 온다는 점을 잊지 말자.

→ 既然他替你去，你就不用去吧。

(4) 해석 그곳에서는 자전거를 빨리 탈 수 없다. 왜냐하면 사람들이 매우 많기 때문이다.

해설 '왜냐하면 ~때문이다'라는 뜻을 가지는 것은 因为, 由于 두 가지인데, 이 두 가지 중에 뒷 문장에도 쓸 수 있는 것은 因为뿐이다.

→ 那里自行车骑不快，因为人山人海。

문제 2

(1) 정답 Ⓑ

해석 기왕 네가 왔으니, 얼른 여러 사람과 함께 상의해라.

해설 既然……就에서 就의 위치는 주어의 뒤이다. 주어진 문장의 뒷 문장에서 가장 앞에는 '네가'라는 주어가 생략되어 있으므로, B에 就를 써준다.

→ 既然你来了，就和大家一起商量吧。

(2) 정답 Ⓐ

해석 축구 경기 소식만 있으면, 그는 축구장에 가서 경기를 관람한다.

해설 一……就는 '일단 ~하기만 하면, 곧 ~하다'라는 뜻으로, 여기서 一는 앞 문장의 동사 앞에 써준다.

→ 一有足球比赛消息，他就去比赛场看比赛。

문제 3

(1) 정답 而

해석 그는 노력하는 총명한 학생이다.

해설 '노력하다'와 '총명하다'라는 말을 연결해 주는 말 중에서 한 글자로 쓰이는 것은 而이 있다.

→ 他是个努力(而)聪明的学生。

(2) 정답 虽然

해석 (비록) 대학교 졸업장은 없지만 그는 많은 재능을 가지고 있다.

해설 앞에 제시된 상황이 있다고 하더라도, 그것에 영향을 받지 않은 의외의 상황을 나타낼 경우에는 '虽然……但是'를 써준다.

→ (虽然)没有大学文凭，但是他很有才能。

(3) 정답 尽管

해석 (설사) 월급이 많지 않아도 나는 간호사가 되고 싶다.

해설 '어떤 상황에 상관없이'라는 말을 나타내는 것은 不管, 尽管인데 이중 不管은 상황의 좋고 나쁨에 대해 모두 '상관없이'라는 의미를 지니고, 尽管은 보다 구체적이며 상황이 좋고 나쁨을 떠나 한 가지 상황만을 나타낸다. 여기에서는 不多라는 구체적인 상황을 나타냈으므로 尽管을 써준다.

→ (尽管)工资不多，我还是愿意当护士。

(4) 정답 而且

해석 이 물건은 가격이 저렴할 뿐만 아니라 품질도 좋다.

해설 앞 부분에 제시한 것보다 더 첨가되거나 심화되는 상황을 나타낼 때는 不但……而且를 사용한다.

→ 这个东西不但价格很便宜，(而且)质量也不错。